KB128913

인상심리학

Psychology of face

이훈구 저

학지사

머리말

사람의 성격이 제각각이듯 얼굴도 사람마다 다르다. 우리의 모든 신체기관이 다 중요하지만, 얼굴은 그중에서도 제일 중요하다. 잘생긴 얼굴, 호감이 가는 얼굴은 남으로부터 환영을 받는다. 그래서 미녀와 미남은 친구가 많고 대인관계도 좋다. 반면 추남과 추녀는 주위에서 냉대를 받고 심하면 왕따를 당하기도 한다.

많은 사람이 얼굴을 통해 사람의 인격과 품성을 판단할 수 있다고 생각한다. 작고한 모 재벌회사 회장은 사원을 뽑을 때 시중의 유명한 관상가를 면접위원으로 모셨다. 응시자가 아무리 입사시험 성적과 학업성적이 좋다고 하더라도 관상가가 고개를 가로저으면 그 응시자는 무조건 낙방이었다.

얼굴에 관한 책을 수소문하러 학교도서관에 갔더니 우리나라에 인상학과가 개설되어 있어 적지 않게 놀랐다. 그 학과에서 무슨 내용을 어떻게 가르치는지 궁금하지 않을 수 없다.

얼마 전 우연히 모 케이블 TV 방송을 트니 관상가를 초청하여 여러 직종의 직장인을 등장시키고 관상을 보고 있었다. 관상가들에게 출연 대상자의 얼굴을 보여 주고 그들의 학력, 전공, 그리고 직업을 맞추게 했는데 백발백중이었다. 학력 수준은 물론이거니와 대학 졸업자인 경우 그들의 전공과 졸업 후 직업의 종류를 모두 정확하게 맞추었다. 그렇다면 관상학은 과학이라는 증거인데 정말 이것은 사실인가? 아니면 방송국과 관상가들이 미리 짜고 치는 고스톱인가?

얼굴은 우리 몸의 일부분이므로 얼굴 역시 심리학자의 연구 대상이어야 한다. 그러나 그동안 심리학자는 얼굴에 관해 별 관심을 가져오지 않았다. 심리학이 얼굴보다는 사람의 마음과 행동에 관심을 가져왔기 때문이다. 그런데 1980년대 심리학계에 큰 변화가 일어났다. 그동안 소홀히 했던 정서에 관한 연구가 갑자기 심리학자들로부터 각광을 받기 시작한 것이다. 그 결과 부수적으로 심리학자들의 얼굴에 관한 관심이 갑자기 높아졌다. 왜 그렇게 되었을까? 정서와 얼굴과는 깊은 관계가 있기 때문이다. 우리가 희로애락과 같은 정서를 느끼면 이것이 신체 내부에 전달됨과 동시에 우리 얼굴에 그대로 표현된다. 복권에 당첨되면 우리 얼굴에는 함박꽃이 핀다. 반대로 사랑하는 사람이 죽었다는 소식을 들으면 우리의 입술은 삐죽해지고 울음이 터질 듯한 얼굴로 변모한다. 이렇게 우리가 느끼는 정서의 대부분은 자동적으로 우리 얼굴에 표현되기 마련이다.

얼굴을 보고 그 사람이 거짓말을 하는지를 판단할 수 있을까? 에크만이라는 심리학자는 '그렇다'고 말한다. 그는 거짓말할 때 우리의 표정이 달라진다고 주장한다. 그리고 에크만은 이를 간파할 수 있는 여러 가지 방법을 고안해 냈다. 그래서 그는 지금도 미국의 FBI, CIA, 그리고 경찰청에 자주 불려 다닌다. 사법기관에서는 사건 용의자가 체포되었지만 그를 입건할 만한 물증이 충분하지 않은 경우, 그 사건 용의자를 심문해 그의 답변 진실성 여부를 가려야 한다. 이때 답변의 진실성 여부를 판별하는 한 가지 방법은 사건 용의자가 답변 시 짓는 표정을 분석하는 것이다. 그래서 사법기관에서는 그를 자주 초청한다.

얼굴은 많은 정보를 제공한다. 예컨대, 우리는 사람의 얼굴을 보고 그 사람의 정체를 알아내는데 그가 남자인지 여자인지, 한국사람인지 외국사람인지, 노인인지 젊은 사람인지 등등을 판단한다. 의사들은 환자의 얼굴을 보고 그의 병이 얼마나 깊은지 판단하기도 한다. 이렇게 얼굴은 우리에게 많은 정보를 제공한다. 그래서 우리가 사람의 얼굴을 잘 판독할 수 있다면 우리 생활에 큰 도움이 된다. 이 책에서는 우리가 구체적으로 어떤 얼굴 정보를 읽어야 하고 그 정보가 우리 생활에 어떤 도움을 주는지에 관해 설명할 것이다.

요즘 우리사회에서는 동안童顔이 인기다. 동안이 왜 인기가 있으며 동안은 구체적으로 어떤 얼굴을 말하는가? 이 책에서는 미인의 얼굴 기준에 관해서도 알아보고자 한다. 미녀와 미남의 기준은 사람들 간에 쉽게 합의를 보는가? 아니면 미인의 기준은 제 눈에 안경처럼 개인마다 그리고 더 넓게는 국가마다 서로 다른가?

이 책은 얼굴, 즉 인상에 관한 우리의 궁금증을 풀어 보기 위해 쓴 것이다. 이 책에서 다룰 중요한 의문은 다음과 같다. 그런데 이런 물음에 관해 이 책에서 전달하고자 하는 답은 관상가들이 하는 것처럼 상식이나 저자의 개인적 신념이 아니다. 어디까지나 심리학자가 과학적인 연구를 토대로 얻은 결과를 기초로 한 것이다.

1. 얼굴은 우리에게 어떤 정보를 제공하는가? 구체적으로 심리학자들은 얼굴을 보고 어떤 해석과 판단을 내리는가?
2. 얼굴과 성격은 관계가 있는가?
3. 동안은 어떤 얼굴 유형을 말하고, 우리가 동안을 선호하는 이유는 무엇인가?
4. 미인이란 어떤 얼굴을 가진 사람을 말하고, 우리는 왜 미인을 선호하는가?
5. 얼굴을 통해 그 사람의 정서를 어떻게 판단할 수 있는가?
6. 거짓말은 얼굴에 그대로 반영되는가?
7. 〈렛미인〉 주인공의 인생은 바뀔 수 있는가?
8. 얼굴이 주는 이미지에는 어떤 것이 있는가?
9. 인상을 어떻게 관리할 것인가?
10. 인상학을 어떻게 활용할 것인가?

차례

01
인간의 얼굴 인식 능력

인 상 심 리 학

인간의 얼굴 인식은 상당히 일찍 발달한다. 심리학자가 연구한 바에 따르면 유아는 생후 2주부터 사람의 얼굴을 인식하기 시작한다. 이렇게 일찍부터 유아가 얼굴을 인식할 수 있는 까닭은 무엇인가? 얼굴 인식 능력은 생존과 깊게 관련되어 있기 때문이다. 유아는 자기 엄마의 얼굴을 분간할 수 있어야 한다. 그래야만 엄마를 찾고 엄마로부터 젖을 얻어 먹는다. 그리고 엄마로부터 신변보호를 받아 생존할 수 있다.

우리는 사람의 얼굴에서 무엇을 읽을 수 있는가? 앞의 서문에서 잠깐 언급했지만 성, 정체성 등 여러 가지 정보를 얻을 수 있다. 그 외에 얼굴에서 얻을 수 있는 여러 가지 구체적 정보는 다음과 같다.

얼굴과 병

의사들은 환자의 얼굴을 보고 환자 병이 어느 정도로 중한지를 판단한다. 암 말기 환자들은 황달기가 얼굴에 드리워지는데 이것은 죽음이 임박했다는 표시다. 정신과 의사들은 신경증 환자의 얼굴을 잘 가려낸다. 저자의 대학친구 한 사람과 저자는 모 연구소에

같이 응시한 적이 있었다. 당시 심사 위원이었던 한 정신과 의사가 친구의 얼굴을 보고 신경증에 찌든 얼굴로 지목했다. 저자는 이런 이야기를 듣고 깜짝 놀랐다. 저자가 그 친구와 대학 4년을 같이 다녔고 게다가 심리학을 전공해 사람을 좀 볼 줄 안다고 자부했음에도 불구하고 저자는 평소 친구 얼굴에서 아무런 이상한 점을 발견하지 못했기 때문이다. 연구소에 입소한 지 얼마 후 친구와 우연히 면접시험을 치렀던 이야기를 하게 되었다. 저자는 문뜩 면접위원이 했던 말이 생각나서 친구에게 과거 신경증을 앓았던 적이 있는가 하고 물었다. 그랬더니 그는 놀랍게도 중학교 때 심한 신경쇄약에 걸렸었다고 고백했다. 다시 그의 얼굴을 찬찬히 살펴보니 얼굴이 꽤 굳어있다는 사실을 발견했다. 정신과 의사의 얼굴판별능력은 상당히 정확했던 것이다.

이렇게 우리가 정신과 의사가 하는 식으로 상대방의 얼굴을 보고 그 사람의 건강 여부를 파악할 수 있다면 얼마나 좋을까? 뭐니뭐니 해도 이런 얼굴판독 능력은 우리가 배우자를 선정할 때 큰 도움이 될 것이다. 배우자를 선정할 때 우리는 흔히 배우자감의 외모, 학력, 직장 등을 고려하지만 사실 가장 중요한 것은 그(그녀)의 건강이다. 배우자감이 오래 살지 못할 체질이거나 정신건강상의 중대한 하자가 있는 사람이라면 그가 아무리 좋은 배경과 능력을 갖추었다 하더라도 우선적으로 배우자 후보 리스트에서 제외해야 한다. 이제 얼굴에서 감지할 수 있는 각종 병의 징조를 좀 더 구체적으로 살펴보기로 하자.

얼굴색

나의 친구 중 정년을 하지 못하고 일찍 죽은 사람이 많다. 그런데 놀라운 것은 그 사람들 중 적지 않은 사람들이 젊었을 때 혈색이 좋지 않았다는 사실이다. 대표적인 예가 L 교수인데 그는 정년을 하지 못하고 이른 나이에 췌장암으로 죽었다. 그는 젊었을 때 안색이 아주 좋지 않았다. 지금도 그의 얼굴이 눈에 선한데 안색이 누렇고 노년에 이르러서는 검은색이 가미되었었다. 평소 그가 위장이 좋지 않은 것은 알고 있었지만 그래도 건강하던 사람이 갑자기 사망하게 되어 저자는 큰 충격을 받았다.

또 다른 대학 친구 S는 키가 작았고 몸도 날씬해 아주 건강했었다. 그러나 그의 안색도 역시 좋지 않았다. 그는 60세가 되기 전에 심장마비가 와 가슴을 여는 대수술을 받았고 설상가상으로 말년에는 루게릭병까지 앓았다. 심장마비는 스트레스가 많은 사람이거나 운동을 잘 하지 않는 사람들이 많이 걸리는데 그가 외국회사에서 일했기 때문에 스트레스는 많았겠지만 운동을 좋아해 쉽게 병이 날 체질은 아니었다. 그런데 심장 대수술을 받고 얼마 되지 않아 루게릭이란 운동신경이 죽어가는 희귀한 병까지 걸린 것이다. 그가 앓은 두 가지 병의 원인이 어디서 오는 것인지는 잘 모르지만 평소 안색이 좋지 않은 것이 무슨 징조를 보인 것 같다.

대학 심리학과의 한 선배도 혈색이 너무 좋지 않았다. 그래서 그의 별명은 드라큐라 백작이었다. 키가 훤칠하고 깡말랐으며 특히 얼굴색이 누런 황색을 띄고 있었고 덧니가 나와 있었다. 그래서 드라큐라 백작이란 별명을 얻었는데 그 역시 정년을 채우지 못하고 심장마비로 죽었다.

최근 오랫동안 같이 테니스 운동을 하던 K 박사가 암으로 사망했다. 키는 작아도 운동을 많이 해 몸이 단단하고 건강했었다. 매주 일요일 운동을 한 후 목욕을 같이 했는데 그의 몸을 보면 배도 안 나오고 근육이 잘 발달되어 부러웠다. 그런데 한 가지 그 역시 안색이 좋지 않았다. 어느 날 그가 갑자기 몸이 좀 이상해 병원에 갔더니 잘 모르겠다고 큰 병원에 가보라고 했다. 그래서 큰 병원에 갔더니 소小세포암이라 한다. 처음 들어본 병이다. 이 암은 세포에서 세포로 번지기 때문에 어디에서 이상이 나타날지 아무도 예측하지 못한다. 그래서 전신 암을 죽이는 전신항암요법을 쓸 수밖에 없다. 항암치료 두 번에 건강하던 그의 모습이 크게 졸아들었다. 그리고 암 투병을 한 지 1년이 좀 지나 그는 운명을 달리했다.

우리가 어렸을 때는 잘 먹지 못해 빈혈이 생긴 사람이 많았다. 그런 사람은 얼굴이 창백하다. 공부를 밤늦게까지 하여 잠이 부족해도 얼굴이 창백해진다. 그런데 빈혈이나 잠 부족으로 생긴 창백한 얼굴과 병색이 도는 얼굴색은 서로 다르다. 창백한 얼굴은 병색은 아니다. 핏기가 없어 얼굴이 창백할 뿐이다. 반면 얼굴이 누렇고 검은 얼굴은 몸 안에 병이 있다는 증좌다. 당장은 아니더라도 몇 년 후 중병에 걸릴 확률이 높다.

의사들은 환자가 죽음에 임박해 있는지 여부를 판단할 때 맥박, 동공, 항문 등을 조사하는 동시에 안색을 살펴본다. 죽음에 임박한 사람들의 안색이 일반인과 다르다는 사실을 잘 알고 있기 때문이다. 쉽게 말한다면 의사들은 환자 얼굴에 드리운 죽음의 그림자를 감지해 낼 수 있다.

며칠 전 케이블 방송을 틀었더니 〈100세 장수법, 암 예방〉이란 제목하에 미국 캘리포니아 의대의 저명한 교수였던 한 한국인 교수가 출연해 강의를 하고 있었다. 아나운서는 갑자기 그 의사에게 엉뚱한 질문을 했다. "암에 잘 걸리는 관상觀相이 있습니까?" 그랬더니 그 의사는 놀랍게도 "있습니다."라고 응답했다. 얼굴에 근심과 노여움이 많이 배어드는 사람이 있는데 그런 사람이 암에 많이 걸린다고 말했다.

암이 발생하는 원인에는 여러 가지가 있다. 그런데 최근 공인된 원인 중의 하나는 스트레스다. 스트레스를 많이 받으면 우리의 면역체계가 와해되어 암세포가 발아하게 된다. 그런데 재미있는 사실은 우리가 스트레스를 많이 받으면 그것이 얼굴에 그대로 반영된다는 것이다. 나의 심리학과 동료교수인 Y 교수는 50대에 과립형 뇌출혈로 갑자기 사망했다. 그는 연구도 많이 벌려 매일 연구실에 출근하고 사회활동도 활발히 하는 정력가였다. 그런만큼 그는 스트레스를 많이 받았다. 그 증거로 그는 자질구레한 일에 화를 잘 냈다. 예컨대, 그는 운전할 때 화를 잘 내는데 앞에 차가 너무 느리게 간다느니, 옆의 차가 갑자기 뛰어들었다느니 하며 불평하는 것이다. 하도 화를 잘 내니까 같이 동승한 사람은 그가 동승자에게 어떤 불만이 있어 그러는 것이 아닌가 하는 의심이 들 정도였다. 그러던 그가 뇌의 관상동맥에 핏줄이 터져 갑자기 사망했다. 스트레스로 인해 혈압이 높아지고 뇌동맥의 약한 부분이 이 혈압을 이기지 못해 터져버린 것이다.

정서를 연구하는 사람들은 화와 같은 정서는 우리 얼굴에 잘 나타난다고 한다. 사람의 행동이나 얼굴 표정을 읽어 우리는 평소 자신은 물론 타인의 분노 상태를 잘 감지할 필요가 있다.

이렇게 우리의 안색은 우리의 병을 예후해 주고 죽음조차 알려준다. 더 나아가 우리의 정서 상태를 알려 준다. 그러나 일반인들은 우리의 안색과 얼굴 표정에 관해서 별 관심을 갖지 않고 또 잘 알려하지도 않는다.

남녀의 얼굴

우리가 남녀를 구분할 때 얼굴이 중요한 역할을 한다. 물론 얼굴보다는 머리카락이 남녀 구분에 더 결정적인 역할을 한다. 남자는 여자와 달리 머리를 짧게 깎는다. 여자는 머리를 길게 길러 파마를 하거나 생머리를 길게 늘어뜨린다. 그래서 멀리서 사람의 성별을 가리려면 우리는 먼저 모발을 살펴본다. 어떤 사람의 머리카락이 길면 그 사람은 여자로, 반대로 짧으면 남자로 낙인 한다. 그런데 요즘은 남자도 여자처럼 쪽 머리를 트는 사람이 많고 머리를 길게 기르는 사람이 늘어나고 있다. 그래서 우리가 남녀를 구분하는데 애를 먹는다.

그러나 남자가 여자 머리를 했더라도 그의 얼굴을 가까이서 보면 그가 남자라는 사실을 우리는 금방 알아차린다. 그 이유는 남자와 여자의 얼굴모양은 서로 다르기 때문이다. 남자의 얼굴은 여자에 비해 얼굴이 크고 턱이 네모져 있다. 이에 반해 여자들은 남자보다 얼굴이 작고 턱이 어린아이처럼 둥글다. 전체적으로 볼 때 여자의 얼굴은 남자보다 더 동안童顔에 가깝다.

또, 남녀가 얼굴에서 큰 차이를 보이는 것이 있는데 그것은 바로 피부다. 남자는 피부가 두껍고 거칠며 투박하다. 여자들은 피부가 얇고 매끈하며 부드럽다.

이렇게 남녀가 얼굴에서 차이가 있으므로 우리는 설령 남녀가 비슷한 머리 모양, 옷을 입었다 하더라도 남녀를 구분하는데 별 어려움이 없다. 물론 남자 중에도 얼굴 모양이 여자처럼 둥글고 피부도 여자처럼 고운 사람이 있다. 대표적인 예가 하리수다. 그러나 그런 사람은 극히 드물어 예외일 뿐이다.

노인의 얼굴

우리는 얼굴을 보고 대충 그 사람의 나이를 맞춘다. 그렇게 할 수 있는 원인은 우리의 얼굴은 나이가 들어감에 따라 점차 변하기 때문이다.

나중에 유아나 아동의 얼굴에 관해 자세히 살펴보겠지만 유아의 얼굴은 누구나 금방 알 수 있다. 유아는 이마가 좁고, 코가 낮고 그리고 입이 소그마하며 턱은 둥글다. 눈은 동그랗고 천사처럼 맑고 초롱초롱하다. 볼은 탄력이 있고 통통하다. 그러나 나이가 들어감에 따라 이마가 커지고 코가 길어지며 입은 커진다. 턱도 사각형으로 발달하고 눈이 가늘어진다.

노인은 얼굴에 주름살이 생겨 나이가 뚜렷이 드러난다. 이마에 내 천 자 주름, 눈가 양 옆의 자글자글한 주름, 그리고 양 입가에 팔자 주름이 잡힌다. 눈가의 피부가 탄력을 잃어 쌍꺼풀이 생기고 눈 밑에 지방질이 쌓여 축 늘어진다. 볼의 피부도 탄력을 잃고 축 처진다. 목에 여러 개의 주름이 잡히고 두발에는 서리가 내린다. 나이가 60세가 넘어가면 죽음의 사자라 부르는 검버섯이 생긴다. 그래서 우리가 노인을 가려내는 것도 아주 쉽다.

오늘날 성형 수술이 발달해서 얼굴의 노인 티를 많이 없애 준다. 소위 보톡스 주사라는 것을 맞아 이마, 양 눈 옆, 그리고 얼굴 전체의 주름살을 편다. 또 양 볼의 늘어진 근육을 귀밑까지 잡아당겨 꿰매는 수술을 통해 늘어진 볼을 팽팽하게 만든다. 보톡스 주사를 맞은 얼굴은 확실히 젊어 보인다. 그러나 보톡스 마취 주사 때문에 뺨이 굳어져 얼굴이 날카로운 인상으로 바뀐다. 또 웃을 때 미소가 자연스럽지 못하고 이상한 표정을 짓게 된다.

전에는 얼굴의 사마귀나 점을 빼던 레이저 수술이 더 발달해 이제는 얼굴 전체 피부를 한 꺼풀 벗겨내기까지 이르렀다. 이 수술을 받으면 노인도 젊은이처럼 얼굴이 부드러워지고 깨끗해 보인다.

이러한 성형 수술의 발달로 요즘은 얼굴을 통해 노인의 나이를 짐작하는 것이 쉽지 않다. 그러나 아무리 얼굴 성형 수술을 잘 했어도 노인의 얼굴 모양을 완전히 바꿀 수는 없다. 목의 깊은 주름, 각진 턱, 그리고 날카로운 귀 등 여러 가지 얼굴모양이 노인의 나이를 여실히 반영해 준다.

인 종

우리가 얼굴을 통해 쉽게 분간할 수 있는 것 중의 하나가 인종이다. 지구상에는 여러 인종이 살고 있고 요즘은 항공기 여행이 잦은 지구촌 시대라 우리는 앉아서도 각종 인종을 만날 수 있다. 인종에는 아시아계, 백인계, 흑인계, 라틴계 등이 있다. 그리고 인종에 따라 얼굴에 큰 차이가 있다. 아시아계는 얼굴색이 누렇고 눈이 째지고 코가 납작하며 얼굴이 넓적하다. 백인계는 얼굴이 하얗고 코가 높으며 얼굴이 길쭉하다. 흑인은 얼굴이 까맣고 입술이 두텁다. 같은 인종이라도 민족에 따라 얼굴에 차이가 난다. 우리와 중국인, 베트남인, 태국인, 그리고 미얀마인 등은 같은 아시아인종이지만 민족이 다르므로 세부적인 얼굴 모양이 서로 다르다. 그래서 우리는 쉽게 한국인과 이들 아시아계를 서로 구분할 수 있다.

한국인과 일본인은 DNA상에서 제일 가깝다. 그래서 우리는 다른 아시아인과 우리를 구분할 수 있지만 일본인과 우리를 구분하는 데에는 애를 먹는다. 백제가 멸망하면서 많은 백제인들이 일본으로 건너가 그곳에 영주했다. 그래서 DNA 유전 인자상으로 우리와 일본인은 제일 비슷하다.

우리는 아시아계이면서도 구체적으로는 몽골족이다. 그래서 우리와 몽골인과도 구분이 잘 안 된다. 초원에서 자랐던 그들의 생활 방식, 그리고 수백 년간 서로 다른 방식으로 살아온 문화 때문에 같은 인종이지만 외모상에 좀 차이가 날 뿐이다. 우리는 일본인보다 몽골인을 가려내는 데 큰 어려움을 갖지 않는다.

같은 인종이나 민족 간이라도 개인의 얼굴은 서로 다르다. 그래서 우리는 만나는 사람의 얼굴을 잘 구분한다. 그러나 다른 인종이나 민족을 만나면 그들이 모두 똑같아 보이고 잘 구분이 되지 않는다. 예컨대, 한국 사람은 미국 사람을 만나면 모두 그 사람이 그 사람 같아 보인다. 즉, 미국인은 모두 얼굴이 하얗고, 코가 삐죽하고 얼굴이 작아 원숭이 같다는 인상을 받는다. 이는 미국인의 경우도 마찬가지다. 미국 사람이 한국 사람을 보면 한결같이 얼굴색이 노랗고 코가 납작하고 눈이 길게 찢어져 있는 것을 발견하게 된다. 그리고 미국인도 한국인 개개인의 얼굴을 식별하는데 애를 먹는다.

왜 이렇게 우리는 같은 인종, 민족의 개개인 얼굴은 잘 구분하는 반면 다른 인종, 민족의 개개인은 혼동하기 쉬운가? 그 원인은 우리가 얼굴을 보는 기회에 큰 차이가 있기 때문이다. 한국 내 외국 사람은 그 수가 적기 때문에 우리가 자주 만나지 못한다. 그래서 외국 사람들을 자세히 관찰할 기회가 적다. 반면 같은 인종이나 민족은 늘 만나기 때문에 개개인의 얼굴 특징을 쉽게 구분할 수 있다.

얼굴과 지적 능력

얼굴 특히 머리 모양은 우리의 지적 능력을 나타내 주기도 한다. 어떤 유형의 얼굴 모양은 유전병에 따른 결과다. 이제 유전병이 얼굴에 어떻게 반영되는가를 살펴보기로 하자.

다운증후군 환자(일명 몽고로이드)의 얼굴은 일반 아동과 확연히 다르다. 다운증후군에 걸린 아동의 얼굴은 머리가 둥글고 머리숱이 적고 머리카락이 얇다. 눈은 사팔뜨기고 눈꺼풀이 두껍다. 납작코에다 입은 작고 입술은 균열이 있다. 그리고 목이 짧다.

알코올중독 산모가 낳은 태아알코올증후군Fetal Alchol Syndrome: FAS에 걸린 아동도 얼굴에 그 특징이 잘 나타나 있다. FAS는 머리지름이 짧아 머리가 작고 뺨, 코, 그리고 턱이 작다.

갑상선 부족으로 생긴 크레티니즘Cretinesm의 아동도 우리의 눈에 쉽게 뜨인다. 이 아동은 머리가 크고 머리칼은 검고 풍성하며 철사처럼 생겼다. 피부는 두껍고 건조하며 코는 뭉뚝하고 낮다. 귀는 크고 늘어져 있다.

두뇌 속에 뇌척수 액이 괴는 뇌수종Hydrocephaly은 뇌를 파괴하고 두개골을 확장시킨다. 뇌수종 환자의 얼굴은 정상인과 비슷하지만 솟아오른 두개골은 누구의 눈에나 띄기 마련이다.

한때 한국사회에서는 앞뒤 머리가 튀어나온 짱구머리는 지능이 높다는 풍문이 팽배했다. 그래서 많은 부모들이 자녀를 천정을 보도록 눕혀 키우기보다는 머리를 옆으로 뉘어 앞뒤머리가 돌출하게 키웠다. 그러나 짱구머리가 지능이 높을 것이라는 추론은 학술적인 근거가 없다. 그럼에도 불구하고 요즘 젊은 엄마들이 아기를 짱구머리로 만들려는 것은 그런 짱구머리 모양이 보기가 좋기 때문이다.

얼굴과 인종 및 민족 간의 편견

우리는 같은 인종 및 민족에 대해서는 호의적으로 대하는 반면 타 인종 및 타민족에 대해서는 적대적으로 응대하는 경우가 많다. 그런데 그 원인은 어디서 오는가? 물론 이 원인에는 인종 및 민족 간에 오랫동안 벌여온 종교 전쟁, 자원 전쟁, 영토 전쟁과 같은 전쟁의 역사가 있기 때문이다. 그러나 부수적인 또 하나의 원인은 인종과 민족 간에 얼굴과 피부모양이 서로 다르기 때문이다. 낯선 사람, 우리와 다른 외모를 가진 사람을 우리는 흔히 경계하고, 차별하고, 배척하는 경향이 있다.

2012년 총선에서 한나라당이 필리핀 출신의 전직교사를 전국구 국회의원으로 내정하여 그녀가 당선되었다. 그러자 한 몰상식한 한국인이 그 국회의원에게 삿대질을 하고 조국으로 돌아가라며 행패를 부렸다. 그녀는 필리핀계 출신이지만 엄연히 귀화한 한국인인데 왜 그는 그녀를 그렇게 증오하는가? 필리핀은 우리와 적대관계를 가진 역사가 없고 6 · 25 전쟁 때 군대를 파견하고 장충체육관을 건립해준 고마운 우방국이다. 그럼에도 불구하고 그가 그녀를 탐탁하게 보지 않은 이유는 그녀가 우리와 얼굴이 다른 타 민족이기 때문이다. 얼굴이 우리와 다른 타 인종, 타 민족에게 우리는 편견을 갖기 쉽다.

그간 우리 농촌에 색싯감이 절대적으로 모자랐다. 그래서 적지 않은 한국 농촌 총각들이 동남아 처녀를 아내로 맞아들였다. 그들은 자녀도 낳아 엄연한 한국인으로 살아가고 있다. 그런데 주위에서 이들 외국 신부를 백안시하는 사례가 있다. 이들의 자녀가 학교에 입학해서도 한국 친구와 잘 어울리지 못하는 경우가 많다. 이들을 우리사회에서 잘 뿌리 내리게 하는 방법은 그들을 더 이상 외국인으로 간주하지 않고 한국인으로 받아들이는 것이다.

다문화가정이 우리사회에서 뿌리내리려면 외국인에 대한 한국인의 편견과 거부감이 종식되어야 한다. 어떻게 이런 편견과 이질감을 줄일 수 있을까? 이방인과 자주 접촉하여 그들의 얼굴이 우리에게 점차 낯익도록 만들어야 한다. KBS 1 TV에서는 매주 〈러브인 아시아〉라는 제목으로 다문화가정을 소개하고 있다. 이것은 아주 좋은 방법이다. 타민족에 대한 편견을 줄이는 방법은 타민족을 자주 보게 해 얼굴이 낯익도록 만드는 것이다. 그러면 자연히 외국인에 대한 친밀감이 높아진다. 외국인에 대한 친밀감을 높이는 가장 좋은 방법이 바로 TV에 외국인을 자주 등장시키는 것이다.

지금까지 우리는 얼굴에서 간파할 수 있는 여러 가지 중요한 정보에 관해 논했다. 여기서 제시한 대부분의 내용은 사실 평소 우리가 주위에서 들어보던 이야기다. 그래서 새삼 새로운 것이 아니라고 말할 수 있다.

그런데 여기에 재미있는 사실이 하나 있다. 그것은 우리는 얼굴에서 앞서 말한 것 보다 더 많은 정보를 캐내려 애쓰고 있다는 것이다. 그 대표적인 것이 얼굴과 성격과의 관계다. 좀 더 자세히 이야기하면 우리 모두는 은연 중 관상가觀相家가 하듯이 어떤 사람의 얼굴을 보고 자기 나름대로 그 사람의 성격과 인품 등을 읽어내려 한다. 더 나아가 관상학은 우리의 얼굴 생김생김이 그의 인생의 성공 여부를 결정한다고 주장하여 얼굴을 더욱더 집중적으로 연구하려 한다.

과연 우리의 얼굴은 우리의 성격을 반영하는가? 만일 그렇다면 어떤 방식 또는 경로를 통해 성격이 우리의 얼굴에 반영되는가? 관상학자들은 단순히 얼굴의 어떤 모양이 어떤 성격과 인품을 나타낸다고 주장한다. 그러나 얼굴의 구체적인 모양이 왜 그리고 어떻게 우리의 성격에 반영되는지의 그 경로에 관해서는 유구무언이다. 더 나아가 관상가들은 우리의 얼굴 모양이 우리의 일생을 좌우한다고 떠벌리는데 그에 관한 과학적 근거 자료는 전혀 없다.

만일 우리의 얼굴이 우리의 성공 여부를 좌우한다면 요즘 성형수술을 많이 하는데 그러면 성형 수술을 받은 사람의 일생도 바뀌어져야 할 것이다. 관상가들은 자기들의 주장은 통계적으로 근거가 있다고 주장한다. 과연 그들의 주장은 과학적인 근거가 있는 것인가? 아니면 이것은 한낱 미신에 불과한가? 다음 장에서는 이 문제를 집중적으로 검토하기로 한다.

02

얼굴과 성격과의 관계

인 상 심 리 학

앞서 말한 바 있지만 현재 우리나라 대학에 인상학과를 설치한 곳이 있다. 그리고 케이블 TV에서 관상가를 초대해 시청자의 운세를 점치는 프로그램을 진행하고 있다. 또 요즘 유명 정치가들의 관상을 풀어보는 프로그램이 부쩍 늘고 있다. 과거보다는 좀 덜하지만 배울 만큼 배운 한국사람 중에도 관상을 보러 다니는 사람이 있다. 그래서 여기서 우리는 관상학이 과학인지 아니면 한낱 미신에 불과한 것인지를 따져 볼 필요가 있다. 이를 위해 우리는 먼저 관상학이 어떤 경로를 통해 발달해 왔는지를 알아볼 필요가 있다. 그리고 마지막으로 과연 얼굴이 우리의 운세를 점쳐 줄 수 있는지의 여부를 살펴보자.

관상학의 현대적 해석

동서양을 막론하고 사람의 성격을 어떤 사람의 얼굴이 닮은 동물과 결부해 풀이하는 습관이 있었다. 한국의 예를 들어 보면, 사람을 호랑이 상 또는 쥐 상으로 묘사하는 경우가 있다. 호랑이 상이란 얼굴이 호랑이처럼 생긴 사람을 말하는데 얼굴이 넓적하고

[그림 2-1] 이승만 대통령은 호랑이 상으로 유명하다.

귀, 눈, 입, 코가 뚜렷한 사람이 이에 해당한다. 흔히 이승만 대통령의 얼굴을 호랑이 상으로 낙인 하는데 이승만 대통령은 큰 얼굴, 넓은 이마, 큰 눈, 오뚝한 코, 꽉 다문 입술, 그리고 큼지막한 귀를 가졌다.

이승만 대통령이 일본을 방문했을 때 한 일본 기자가 일본에서 당신을 한국의 호랑이로 칭한다며 인사말을 건넸다. 그랬더니 이 대통령은 과거 한국에는 호랑이가 많이 살았는데 당신네들이 무차별 사냥을 해 지금은 호랑이가 멸종되었다고 일갈했다. 호랑이 얼굴을 가진 사람은 호랑이처럼 용감하고, 위엄이 있으며, 카리스마가 있다고 사람들은 믿는다.

한편, 서생원이라고 부르는 상이 있다. 이는 쥐 상을 말한다. 쥐는 몸집이 작은 동물이다. 그래서 쥐 상의 얼굴은 호랑이 상과는 정 반대로 얼굴이 작은 것이 특징이다. 볼이 얄팍하고 하관이 빠르고 턱이 작고 얼굴이 역 세모꼴이다. 눈, 코, 입이 모두 작은 것이 쥐 상의 특징이다. 쥐는 민첩하고 영리하며 경계를 잘 하는 동물이다. 이런 쥐의 특징과 결부시켜 쥐 상의 인물은 사람의 눈치를 잘 보고 영리하며, 재간이 많다고 한다. 쥐 상은 호랑이 상과 달리 지도자가 되기보다는 참모의 역할을 잘 한다고 사람들은 믿고 있다.

서양에서는 소, 당나귀, 그리고 양羊 상이 주로 회자되었다. 소 상은 코가 넓적하되 입까지 내려오고, 반대로 턱은 짧고 거의 안으로 들어가 소처럼 생긴 사람을 말한다. 소 상은 소처럼 우직하지만 가끔 난폭한 행동을 하는 사람으로 묘사되었다. 당나귀 상, 양 상도 각기 그 동물의 얼굴을 닮은 사람을 말하는데 당나귀 상은 촌스러운 사람으로 그리고 양 상은 어리석은 사람으로 간주했다(Zebrowitz, 1998).

[그림 2-2] 소 상의 사람(오른쪽)은 소(왼쪽) 얼굴처럼 코가 넓적하고 턱이 짧다.

관상학의 발달은 고대 그리스까지 거슬러 올라간다. 아리스토텔레스는 얼굴과 성격 간의 관계를 다음과 같이 설명했다.

"앞이마가 작은 사람은 변덕스럽고, 앞이마가 둥글거나 돌출하면 성질이 급하다. 일직선의 눈썹은 부드러운 성격을 나타내고, 눈썹이 관자놀이 쪽으로 둥글게 굽으면 유머와 시치미를 잘 뗀다. 째려보는 눈은 뻔뻔하고, 깜빡이는 눈은 우유부단한 성격이다. 크고 눈에 띄는 귀는 쓸데없는 이야기, 잡담을 잘 한다."(Aristotle, Historia animalium, cited in Liggett, 1974)

인상학 또는 관상학이 세계적으로 널리 퍼지게 된 것은 스위스의 인상학자 요한 카스파르 라바터Johann Kaspar Lavater가 1772년 인상학 에세이, 『Essays on Physiognomy』를 출판한 이후부터다. 이 책은 수 백 년 동안 유럽에서 꾸준히 출판되었고 1940년 그의 고향인 스위스에서 최신판이 발행되기까지 많은 나라에서 수많은 언어로 151판까지 인쇄되었다(Zebrwitz, 1998). 라바터가 집대성한 인상학은 당시 유럽에 엄청난 파장을 일으켜 사람들은 자신의 얼굴을 감추기 위해 마스크를 쓰고 다닐 정도였다. 더 나아가 라바터는 소설가, 만화가, 연출가에게도 많은 영향을 주었다. 이들 작가는 주인공을 묘사하거나 선정할 때 라바터의 인상학에 들어맞는 얼굴을 참조하여 결정했다.

인상학의 또 다른 주류는 이태리의 롬브로소가 주장한 범죄형 얼굴에 관한 이론이다(Lombroso, 1911). 그는 이태리 감옥에 수감 중인 수천 명의 범죄자의 얼굴을 조사하여 그 특징을 살펴보았다. 그 결과 범죄자 중 튀어나온 턱, 경사진 이마, 그리고 비대칭적인 얼굴이 많았음을 밝혀냈다. 이런 얼굴은 원시인의 얼굴과 유사한 타입이다.

롬브로소는 그의 연구를 토대로 범죄형 얼굴의 윤곽을 발표했다. 그래서 한때 전 세계에서 범죄용의자를 체포할 때 우선적으로 그의 얼굴이 범죄형인가의 여부부터 가리는 기현상이 벌어지기도 했다. 후틴도 미국의 17,000명의 죄수들을 조사한 결과 그들의 한 가지 얼굴 특징이 비대칭이라는 사실을 밝혀냈다(Hootin, 1939).

롬브로소의 이론은 골상학이라고 부르는데 그의 이론은 우리의 정서情緖가 뇌의 특정 부위에 영향을 주어 얼굴 특히 두개골의 조형에 영향을 준다고 주장한다. 그러나 오늘날 롬브로소의 이론을 지지하는 학자는 거의 없다.

이렇게 관상학, 인상학, 골상학은 아리스토텔레스 시대부터 사회에 널리 퍼졌다. 그리고 일반인은 물론 일부 학자들도 이를 맹신하는 결과가 생겨났다. 오늘날 과거의 관상학, 골상학은 학계에서 모두 폐기처분되었지만 아직 세계 곳곳에서 이에 관한 미신이 큰 위력을 발휘하고 있다. 예컨대, 세계 어느 곳에서나 소설, 만화, 영화에서 주인공의 성격을 얼굴을 통해 설명하는 경우가 허다하다. 오늘날 미국 할리우드 영화감독이나 한국의 영화감독은 영화 주인공을 선정할 때 그 주인공의 성격을 잘 나타내는 얼굴 모양을 가진 배우를 선정하는데 골몰한다. 그 이유는 주연배우가 연기를 통해 주인공의 성격을 잘 연기할 수 있겠지만 그에 못지않게 얼굴 그 자체가 주인공의 성격과 맞아야 관객들이 쉽게 공감한다고 생각하기 때문이다. 그래서 영화 〈자인언트〉에 출연한 제임스 딘James Dean은 우울한 반항자의 역할을 하는 주인공에 주로 발탁된 반면 그레이스 켈리Grace Kelly는 우아하고 기품 있는 역할을 많이 맡았다. 한국의 최불암이 악역배우로 출연한 영화는 거의 없다. 그 이유는 그의 얼굴이 후덕하고 수수하기 때문이다. 그래서 최불암은 시골의 촌부로 많이 등장했다.

오늘날 심리학자들은 관상학이나 골상학을 믿지 않는다. 그러나 얼굴 그 자체가 본인이나 타인에게 주는 영향이 막대함을 인정한다. 예컨대, 하나같이 미인인 가수 소녀시대는 〈렛미인〉에 나오는 수술 전의 흉측한 얼굴을 가진 사람에 비해 자신감과 자존심이 크게 높다. 그리고 그런 미인을 대하는 우리의 태도도 전혀 다르다. 주지하는 바와 같이 우리의 자존심은 타인이 우리에게 대하는 태도에 의해 결정된다. 타인이 나를 좋아하고 나를 따르면 그만큼 나의 자존심은 높아진다. 그런데 우리는 소녀시대와 같은 미인을 만나면 그녀를 떠받들고 그녀의 명령에 복종하기 마련이다. 반대로 과체중의 추녀가 자신감과 자존심을 높게 지닐 수는 없다. 자기를 보는 타인들의 시선이 곱지 않기 때문이다. 그래서 용모는 우리의 자존심과 자신감에 큰 영향을 준다.

얼굴은 우리의 성격 형성에도 큰 영향을 줄 수 있다. 예컨대, 잘생긴 사람은 외향적이고 사교적인 사람으로 성장하는 반면 추남추녀는 내향적이고 비사교적인 사람이 되기 쉽다.

그런데 저자가 말하는 이런 추론은 맞는 것일까? 즉, 우리의 용모에 따라 우리의 성격이 달라지는가? 그리고 타인은 우리의 용모에 따라 다르게 반응하는가? 아래에서 이 문제를 구체적으로 다루기로 한다.

얼굴과 성격 간의 관계

얼굴 유형

앞서 말한 바와 같이 우리가 사람의 얼굴에서 얻을 수 있는 정보는 의외로 많다. 그런데 위에서 지적한 정보, 즉 병력, 지능, 성, 나이, 인종 외에 우리가 특히 알고자 하는 것은 성격이다. 물론 미신을 믿는 사람들은 관상을 통해서 자신이나 타인의 운명, 운세를 알아보려 하지만 이것은 예측력이 없는 비과학적인 것이다.

과연 얼굴이 성격을 반영해 주는가를 살펴보기 전에 우리는 왜 사람들이 얼굴에서 정보를 캐내려하는가에 관해 잠시 생각해 볼 필요가 있다. 왜냐하면 그 기본 동기를 앎으로써 어떤 종류의 잘못된 지각이나 오판이 생기는가를 알 수 있기 때문이다.

인상연구에 관한한 전 세계 독보적 심리학자인 제브로위츠(Zebrowitz, 1998)는 인간이 얼굴에서 정보를 캐내려는 이유를 기능적 관점에서 해석하고 있다. 기능적 관점이란 무엇인가? 쉽게 말해서 얼굴에서 캐낸 정보가 인간의 삶이나 생존경쟁에 도움을 주기 때문이라는 것이다. 예를 들어 보자. 우리가 타인을 만날 때 그가 젊은 사람인지, 남자인지, 건강한지, 한국사람인지를 판단하는 것은 아주 중요한 일이다. 특히 결혼 적령기에 있는 젊은 청년이 어떤 사람을 만났을 때 위에 적은 것과 같은 정보를 캐내는 것은 아주 필요하다. 그래서 그 청년이 상대방이 한국 여자이고 나이도 20대이며 건강하다고 판단되면 그는 여자에게 관심을 보이고 데이트 약속을 얻어내려 할 것이다.

유기체로서 배우자를 선정하는 것은 아주 중차대한 일이다. 그런데 배우자 선정에 있어서 얼굴이 많은 정보를 제공해 준다. 따라서 우리가 얼굴에서 많은 정보를 캐내려는 한 가지 중요한 이유는 우리가 배우자를 선택할 목적을 갖고 있기 때문이다.

그런데 재미있는 것은 얼굴은 비단 위에 말한 개인의 정체성(성, 나이, 인종 등)을 반영할 뿐만 아니라 기타 여러 가지 중요한 정보를 제공한다. 그중 중요한 것은 정서 표현이다. 앞서 잠깐 말했지만 우리의 여러 가지 중요한 정서, 감정, 기분이 얼굴에 그대로 반영된다. 그런데 이런 정서 파악도 우리가 일상생활을 하는 데 큰 도움이 된다. 아버지로부터 용돈을 타내려는 아들은 아버지의 오늘 아침 기분이 어떠신지를 잘 파악해야 하고 상사로부터 결재를 받으려는 사원도 상사의 정서 상태를 정확히 파악해야 한다. 그래야만 목적을 달성하거나 화를 모면할 수 있다. 그래서 우리는 얼굴을 통해 타인의 정서를 파악하는 데 관심이 많다. 이에 관해서는 이 책의 5장에서 자세히 다룰 것이다.

이제 맞바로 얼굴과 성격과의 관계를 살펴보기로 하자. 먼저 얼굴과 성격과의 관계를 나타내는 통설 몇 가지를 살펴보기로 하자. 한국사회에서는 눈꼬리가 치켜 올라가면 성깔이 있다고 본다. 광대뼈가 튀어나오면 남편을 잡아먹을 상이라고 보며, 콧날이 오뚝하거나 매부리코면 한 성질을 부린다고 한다. 미국에서는 빨강머리를 좋지 않게 보아 성격이 불같다고 생각한다. 그런데 이런 통설은 모두 근거가 없는데 왜 이런 말이 생겨났는가? 앞서 저자는 한국에서 호랑이 상이니 쥐 상이니 하는 얼굴 모양에 관해 이야기한 바 있다. 그리고 호랑이 상이나 쥐 상의 얼굴은 각기 그 동물의 성격을 닮았다고 우리가 추론한다는 사실을 지적했다. 위에 적은 얼굴과 성격에 관한 몇 가지 통설도 쥐 상이나 호랑이 상과 관련한 성격추론 방식으로 만들어졌다. 예컨대, 빨강머리는 불타는 광경을 연상하게 하는데 그래서 성격이 불같다고 추론한다. 마찬가지로 매부리코는 매를 연상하게 하는데 매는 사나운 새다. 그래서 매부리코를 가진 사람은 성격이 난폭하다고 추리한다.

얼굴과 성격 간의 관계를 살펴보는 연구 작업은 쉽지가 않고 앞으로 계속 발전해 나가야 한다. 먼저 얼굴의 유형을 구분하는 것도 쉽지가 않다. 얼굴 모양을 간단하게 분류하는 방법이 있긴 하지만 문제는 많은 사람이 이 얼굴 모양의 대표적인 얼굴이 아닌 절충형이라는데 있다. 먼저 얼굴 모양을 구분하는 간단한 방법을 살펴보자.

[그림 2-3]에는 두 가지 얼굴 유형이 제시되어 있다. 그림 왼쪽

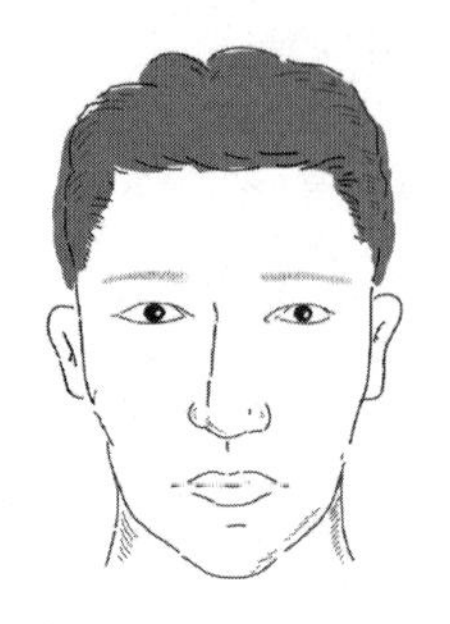
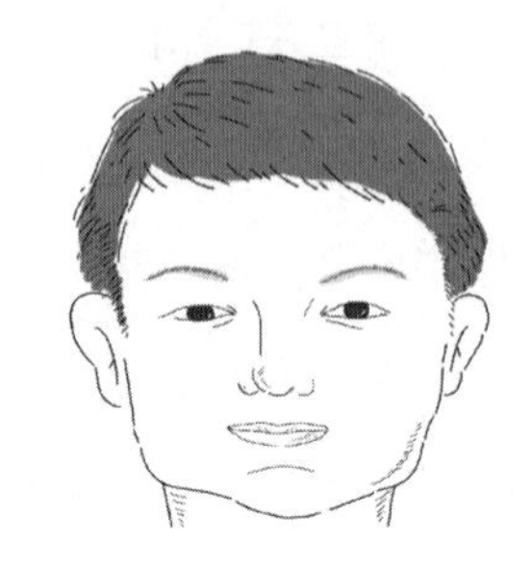

[그림 2-3] 장두형(왼쪽)과 단두형(오른쪽) 얼굴이다.

의 얼굴은 장두형dolichicocephalic인데 머리가 길고 좁다. 그림 오른쪽의 얼굴은 단두형brachycephalic으로 얼굴이 넓적하고, 짧고, 둥글다. 두 얼굴의 차이점을 쉽게 이해하는 방법은 얼굴을 고무로 만든 인형처럼 생각하고 그것을 양쪽 손바닥으로 양 귀 안쪽을 누르면 장두형이 되고 반대로 그 인형의 귀를 양쪽 손으로 밖으로 잡아 다니면 단두형이 된다는 사실이다.

장두형과 단두형의 대표적인 얼굴을 가진 사람도 있지만 그보다는 이 두 유형의 절충형이 더 많다. 그래서 우리가 얼굴 모양을 측정하는 방법이 쉽지 않고 또 다양한 얼굴 모양에 따른 성격의 차이를 규명하는 작업은 더욱더 어려워진다.

얼굴 유형의 또 다른 특징 중 하나는 동안童顔 여부다. 동안에 관해서는 우리가 많이 알고 있는데 그 이유는 우리 사회에서 동안을 선호하기 때문이다. 동안은 말 그대로 아동과 같은 얼굴을 말한다. 동안을 측정하는 방법이 따로 있고 동안에 대한 우리의 성격귀인 또는 성격 해석은 비교적 연구가 많이 수행되어 있다. 동안에 관한 연구결과는 이 책의 3장에서 따로 설명할 것이다.

마지막으로 매력적인 얼굴이 있다. 매력적인 얼굴의 기준이 나라와 문화에 따라 다를 것 같지만 일부 원시 부족을 제외하면 그것은 거의 공통적이다. 즉, 어떤 남녀가 매력적이고 미남, 미녀인가에 대한 준거는 모든 나라에서 대개 공통적이라는 말이다. 매력적인 얼굴에 관해서는 이 책의 4장에서 자세히 논할 것이다.

얼굴과 성격 간의 관계

이 장의 주제인 얼굴과 성격 간의 관계를 논하기 전에 검토해야 할 문제가 하나 있다. 그것은 얼굴과 성격 간의 관계에 대한 가설이다. 심리학자는 연구문제를 검사하기 전에 가설을 세운다. 이 가설은 어떤 원인과 결과에 대한 해석을 말한다. 우리의 연구문제와 관련해 말한다면 얼굴과 성격이 어떤 식으로 관계를 맺을 것인가에 대한 추리 또는 해석이다. 이에는 여러 가지 추리가 있을 수 있다. 그 한 예는 얼굴모양은 선천적으로 결정되고 그에 따라 성격도 선천적으로 결정된다는 가설이다. 이런 가설의 대표적인 예는 다운증후군이다. 다운증후군에 걸린 아동은 그에 따라 용모가 달라지고 성격 및 지적능력도 달라진다. 그런데 이런 선천적 가설에 들어맞는 예는 아주 적다. 보통의 그리고 정상인의 얼굴은 다른 가설에 더 적합하다.

선천적 영향가설과 반대되는 가설은 환경영향가설이다. 여기서

환경은 크게 두 가지로 나누어 볼 수 있다. 하나는 물리적 환경이고 다른 하나는 사회적 환경이다. 물리적 환경 중의 한 예는 아동이 자랄 때 공급받는 영양이다. 영양이 결핍되면 아동의 몸이 약하고 키가 작아진다. 그런 아동은 정상적 영양공급을 받은 아동에 비해 상이한 성격을 가질 수 있다. 즉, 내성적이고 겁이 많고 우울하다. 이런 식의 추론은 영양학적 환경가설이다. 반면 사회적 영향은 아동이 겪게 되는 인간관계적 영향을 말한다. 부모는 자녀를 똑같은 방식으로 양육하지 않는다. 예컨대, 부모가 아들과 딸을 기르는 방법이 서로 다르다. 마찬가지로 부모가 어떤 특정한 용모의 아동을 그 용모에 맞게 양육하는 경우가 많다. 부모의 이런 양육방법상의 차이가 아동의 성격차이를 초래한다는 가설이 사회적 환경가설이다. 예컨대, 자녀의 머리가 짱구모양이 된 경우 그의 부모가 자녀를 천재라고 생각해 천재교육을 시키고 그에 따라 자녀가 독특한 성격을 지닌 사람으로 성장할 수 있다.

사회적 환경가설의 또 다른 예는 부부가 서로 오래 살면 얼굴이 비슷해져 가는 데에서 생겨난 것이다. 부부의 얼굴이 서로 닮아가는 원인은 두 가지가 있는데 하나는 부부가 서로 상대방의 정서적 얼굴 표현을 공감하여 이를 자주 모방하기 때문이다. 다른 하나는 부부가 같은 음식을 씹기 때문에 이빨과 턱의 근육이 비슷하게 발달하기 때문이다. 이렇게 부부간의 사회적 접촉도 하나의 환경인 바 우리의 얼굴 모양 변화에 영향을 준다.

세 번째 가설은 성격의 차이가 우리의 용모를 결정해 준다는 것이다. 앞서 말한 바와 같이 정서가 우리의 얼굴에 그대로 반영된다. 즉, 화를 잘 내고 불만이 많은 사람은 그런 정서를 얼굴에 표현한다. 화나 짜증을 자주 내어 이것이 얼굴에 나타나면 자연히 얼굴이 그런 모양으로 굳어지기 마련이다. 정서는 성격의 일부이기 때문에 따라서 성격이 얼굴 모양을 주조한다고 말할 수 있다. 조지 오웰George Orwell이란 영국의 유명한 소설가는 "인생 50세가 되면 각자는 자기 성격에 맞는 얼굴을 지니기 마련이다."라고 말했다. 좀 더 예민한 사람이라면 상대방의 나이가 50세가 되지 않았더라도 그의 얼굴을 보고 그의 성격을 어느 정도 예단할 수 있을 것이다. 세 번째 가설은 이 책의 5장에서 자세히 살펴볼 것인데 주로 정서가 어떻게 얼굴에 반영되는가를 분석할 것이다.

정리한다면 심리학자가 얼굴을 읽는 방법은 비과학적 관상법이 하는 것처럼 얼굴 각 부분 예컨대, 코, 이마, 눈, 입술, 뺨 등의 모양을 분석해 성격이나 운세를 살피는 것이 아니다. 앞에서 언급한 것처럼 환경의 영향, 정서 표현 등을 통해 얼굴에 아로새겨진 얼굴 모양을 간파해 그의 성격을 읽는 것이다. 환언하면 심리학자의 얼굴 연구방법은 크게 두 가지로 분류할 수 있다. 그 첫째는 우리의 얼굴 모양새에 따른 다른 사람의 태도에 따라 결정된 우리의 성격을 파악하는 것이다. 둘째는 우리의 성격 그 자체가 얼굴을 어떻게 주조하는가를 살펴보는 것이다. 더 구체적으로 말하면 첫 번째 방법에서는 우리의 동안, 매력적인 얼굴 등이 다른 사람의 태도에 의해 어떤 성격으로 발달하는가를 주로 살펴본다. 두 번째 방법은 각종 정서가 얼굴에 어떻게 반영되는가를 살펴보는 것이다.

다음에 계속되는 이 책의 장에서는 심리학자의 얼굴에 관한 구체적인 연구내용이 제시될 것이다. 그래서 3장에서는 동안에 관한 연구를, 4장에서는 매력적인 얼굴에 관한 것을, 그리고 5장에서는 얼굴에 나타난 정서 표현 등을 살펴볼 것이다.

03

동안(童顔)의 특징과 동안 성격

동안은 말 그대로 어린아이와 같은 얼굴을 말한다. 동안은 그렇지 않은 얼굴에 비해 늙어도 늙은 사람처럼 보이지 않는 장점이 있다. 그러므로 동안은 성인이 되어도 성인 인상을 주지 않는다. 그리고 동안은 성격도 어린아이 같다는 생각을 우리로 하여금 느끼게 만든다. 그래서 과거 우리는 동안에 대해 특별한 선호가 없었다. 그러나 최근에 우리 사회에서 동안에 대한 인기가 높다. 그 한 가지 이유는 여성들이 과거와 달리 마초형의 남자보다는 귀여운 타입의 남자를 선호하는 방향으로 취향이 달라진 데 있다. 그래서 연예인들 중 동안인 사람이 많고 또 성형을 해서 얼굴을 동안으로 바꾸려고 한다.

이 장에서는 동안이란 구체적으로 어떤 얼굴 특징을 말하고 동안이 어떤 성격을 지녔는가를 살펴보기로 한다.

어떻게 생긴 사람이 동안인가

동안이란 아동의 얼굴인바 아동과 성인의 얼굴을 서로 비교해 보자. [그림 3-1]은 아동의 머리를 같은 크기의 성인의 얼굴로 확

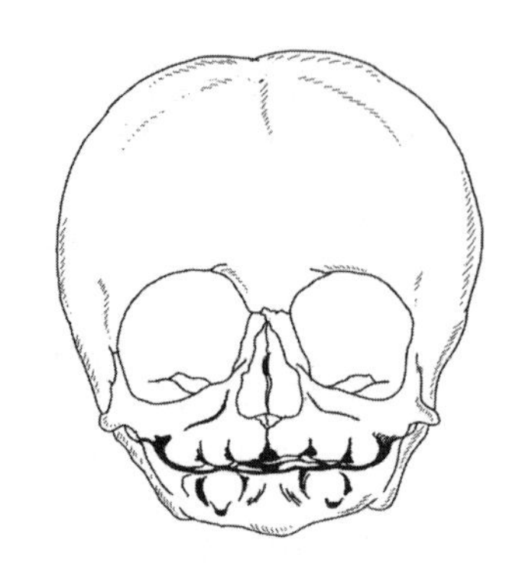
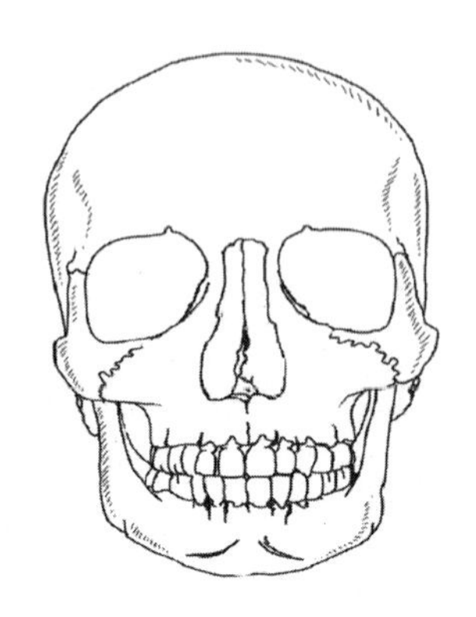

[그림 3-1] 동안형 두개골(왼쪽)과 성인형 두개골(오른쪽)이다.

대한 것이다. 아동의 두개골은 성인에 비해 비율적으로 더 크다. [그림 3-1]에서 보는 바와 같이 아동의 두개골은 성인에 비해 크고 반면 얼굴은 작다. 그렇게 된 이유는 아동의 뇌는 다 발달되어 있는 반면 아직 코와 턱은 덜 발달되어 있기 때문이다. 아동의 코는 폐활량이 늘어남에 따라 이것을 수용하기 위해 점차 커지고 턱 역시 치아가 발달함에 따라 크게 자란다.

아동의 눈은 동그란데 특히 눈동자가 크다. 눈동자가 큰 이유는 망막이 아직 덜 발달해 있어 더 많은 빛을 감지하기 위해서다. 눈썹은 성인보다 높은 위치에 있고 앞이마가 튀어나오고 턱이 짧다.

동안은 누가 봐도 금방 알아차린다. 즉, 성인형 얼굴에 비해 동안은 얼굴이 둥글고 눈이 크고([그림 3-2]) 코가 납작하고 작으며([그림 3-3]) 턱이 짧다. 반면 성인형 얼굴은 이마가 들어가고 눈이 째지며 코가 오뚝하고 턱이 네모지고 잘 발달되어 있다. 입술도 성

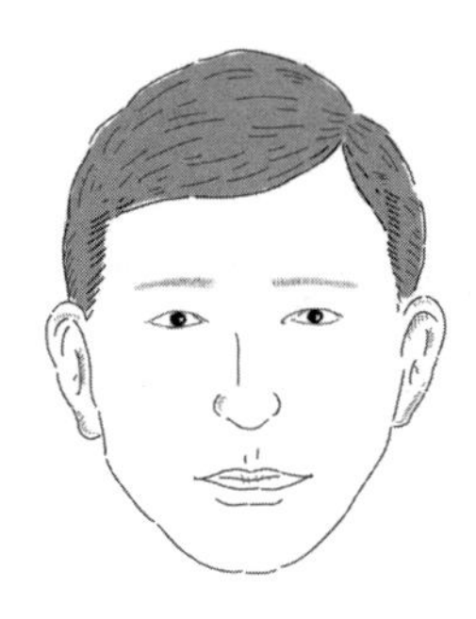
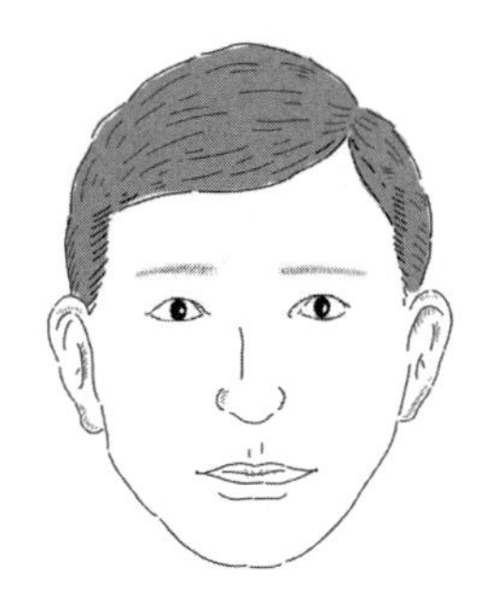

[그림 3-2] 동안형 얼굴(오른쪽)은 성인형 얼굴(왼쪽)에 비해 눈이 크다.

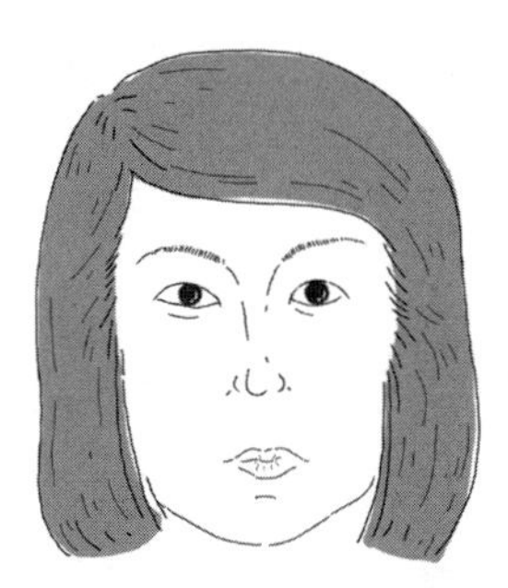
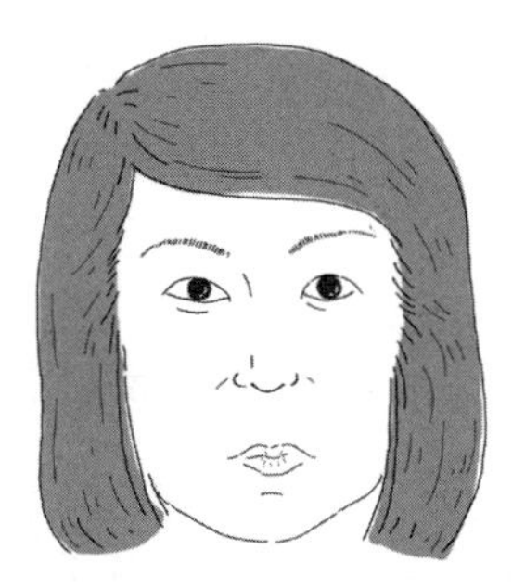

[그림 3-3] 동안형 얼굴(오른쪽)은 성인형 얼굴(왼쪽)에 비해 코가 납작하고 작다.

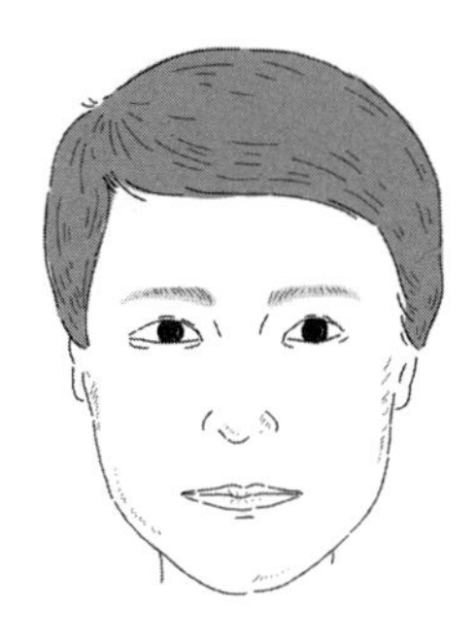

[그림 3-4] 동안형 얼굴(오른쪽)은 성인형 얼굴(왼쪽)에 비해 입술이 도톰하고 짧다.

인 형과 동안에 차이가 있는데 성인형은 얇고 길다. 반면 동안은 입술이 도톰하고 짧다([그림 3-4]).

동안은 나이가 어리거나 나이가 많아 얼굴이 변해도 그를 계속 동안으로 보이게 만든다. 즉, 생후 6개월부터 60세까지도 이런 얼굴 특징을 가진 사람은 동안으로 보인다.

동안에 남녀별 차이가 있는가? 여자인 경우, 둥근 얼굴, 작은 콧잔등은 3세부터 58세까지 동안으로 인식하게 만든다. 남자의 경우는 둥근 얼굴, 큰 눈, 그리고 가는 눈썹은 위와 같은 연령대(3세부터 58세까지) 남자들의 얼굴을 동안으로 인식하게 만든다(Zebrowitz, 1998).

인간이나 동물은 유아의 얼굴 인식에 아주 민감하다. 그 이유는 유아가 가져다 주는 자극 자체와 우리의 종족번식 본능 두 가지가 다 작용하기 때문이다. 즉, 툭 튀어나온 이마, 동그란 눈, 작은 코와 턱은 우리로 하여금 귀엽다는 느낌을 자동적으로 촉발한다. 동물심리학자들이 동물을 가지고 실험해 보면 모든 종류의 동물에게서 어린 새끼들에 대한 유별난 시선집중, 관심표명을 발견할 수 있었다. 인간을 대상으로 했어도 마찬가지 결과가 나타났다. 성인들은 어린아이를 보고 깊은 관심을 나타내고 더 오래 쳐다보고 상호작용을 했다. 같은 어린아이라도 동안형 아동과 더 눈을 맞추었으며 더 깊은 관심을 나타냈다. 발달심리학자들은 유아는 성인에게 보호욕구를 불러일으킨다고 보고한다. 보호욕구가 발동하는 이유는 우리가 자손을 보호하여 대를 이으려는 본능을 지녔기 때문이다.

이렇게 유아나 아동의 얼굴이 우리에게 주는 자극, 즉 귀여움과 보호본능 때문에 우리가 아동의 얼굴에 특별한 관심을 보이게 된다. 그래서 광고나 만화에서 우리의 이런 경향을 악 이용하는 경우가 많다. 예컨대, 디즈니 만화 영화에 나오는 미키 마우스나 도널드 덕은 모두 동안의 특징을 그대로 살렸다. 동안형 얼굴을 가진 주인공을 등장시킴으로서 시청자, 소비자의 관심과 사랑을 유발할 수 있기 때문이다.

동안에 대한 성격 추론

동안을 보고 우리는 어떤 식으로 성격추론을 할까? 크게 두 가지다. 하나는 동안이 주는 '귀엽다' '예쁘다' 라는 인상으로부터 영향을 받아 동안의 성격이 '좋다' '따뜻하다' '외향적이다' '사교적이다' 라고 추론하는 것이다. 이런 식의 추론은 동안의 아름다운 인상을 우리가 확대 적용하는 소위 과일반화over-generalization 결과이거나 또는 후광효과Halo effect를 나타내는 것을 말한다. 후광효과란 우리가 어떤 인물을 평가할 때 그 사람이 '지적이다' 라는 정보를 들으면 그 사람의 다른 특성, 예컨대 성격, 대인관계, 직장에서의 성공 등등을 모두 다 좋게 평가하려는 경향을 말한다. 이런 과일반화 또는 후광효과가 동안의 성격을 추론할 때 작용한다.

두 번째 성격추론 방법은 동안에서 유아가 지닌 '나약성' '의존성' 을 추론하는 것이다. 즉, 어린아이 같은 얼굴을 보고 그의 성격이 '의존적' '복종적' '나약한' '순진한' 이라고 추론하는 것이다. 이런 성격 추론은 동안을 부정적으로 평가하는 것이다. 반대로 동안형 성격을 좋은 방향으로 추론하는 수도 있는데 그것은 앞서 말한 바와 같이 '정직한' '따뜻한' '정감이 있는' 등으로 추론하는 것이다.

이러한 일반인들의 동안에 대한 성격 추론은 실제로 존재하는가? 심리학자들이 동안형과 성인형 대학생들을 찍은 사진을 피험자들에게 나누어 주고 피험자들로 하여금 사진 속 인물의 성격을 형용사 쌍(예컨대, 의존적 대 독립적)에 표시하게 하였을 때 피험자들은 동안형 얼굴을 성인형 얼굴보다 더 '의존적' '나약한' 으로 평가하였다. 이런 경향성은 이 실험에서 연령과 매력성을 통제했을 때에도 똑같이 나타났다. 즉, 피험자들에게 제시한 얼굴사진에서 나이와 매력성도 각각 측정하여 이것을 통제하고 실험결과를 다시 산출한 결과 같은 결과가 산출되었다. 즉, 젊거나 매력적인 요소가 동안형 성격판단에 영향을 주지는 않았다. 더 놀라운 사실은 이런 연구결과는 동서양을 막론하고 적용된다는 사실이다. 제브로위치, 몬테페어와 이훈구(Zebrowitz, Montepare, & Hoonkoo Lee, 1993)는 미국과 한국에서 대학생에게 자국인과 외국인의 사진을 보여 주고 성격추론을 한 결과 동일한 결과를 얻었다. 두 나라 대학생들은 자국인뿐만 아니라 외국인 중 동안형 얼굴을 성인형 얼굴에 비해 더

'복종적' '나약한' 등으로 성격 추론하였다. 동안에 대한 성격추론 내용이 동서양을 통해 동일하다는 사실은 그만큼 동안성격추론이 보편적 현상임을 시사한다.

얼굴의 여러 가지 구성요소, 즉 입, 코, 눈썹, 턱 등 중 하나나 둘이 동안인 사람보다는 앞의 구성요소 전부가 동안형인 사람은 앞의 사람보다 더 동안으로 인식된다. 아래 사진을 보자([그림 3-5]). 주인공이 각기 초등학교 1학년 때와 대학생이었을 때에 찍은 사진이다. 이 주인공은 얼굴 전체가 동안이다. 그런데 두 사진을 비교해 보면 초등학교 때 얼굴이 더 동안적 특징을 담고 있음을 알 수 있다. 즉, 눈이 더 크고 코가 작으며 입술이 더 도톰하다. 그러나 그가 대학생이 되어서도 동안의 특징은 그대로 남아 있다.

[그림 3-5] 한 동안형 성인이 초등학교 1학년이었을 때(왼쪽)와 대학생이었을 때(오른쪽)의 모습이다.

동안의 성격

앞에 말한 동안형 얼굴의 성격추론에 대한 결과는 어디까지나 사람들의 추론에 불과하다. 즉, 일반인이나 피험자들이 동안의 성격이 '의존적' '복종적' '따뜻한' 등으로 평가하는 것은 어디까지나 그들의 추측이고 해석일 뿐이다. 일반인들이 동안형 얼굴에서 받은 인상 때문에 또는 아동에 대한 보호본능 때문에 동안형 얼굴을 그런 식으로 지각했을 뿐 실제 그들의 성격이 그렇지 않을 수도 있다는 이야기다. 실제로 동안의 성격이 어떤가하는 것은 또 다른 문제이고 이것은 다른 방법으로 조사해야 한다. 이 절에서는 이 문제를 다루기로 한다.

동안의 성격을 논하기 전에 미리 생각해 둘 문제가 있다. 그것은 동안의 성격이 구체적으로 어떤 과정을 통해서 형성될 것인가 하는 문제다. 앞에서 성격에 영향을 주는 환경적 가설, 즉 물리적 환경과 사회적 환경에 관해 언급한 바 있다. 여기서는 사회적 환경을 더욱더 구체적으로 살펴보기로 하자.

첫째는 부모나 일반인들이 성인형 얼굴의 아동보다 동안의 아동에게 애정과 친절을 더 많이 보이기 때문에 동안형 아동이 사교적이고, 자신감이 더 많은 사람으로 성장할 것이라는 가설이다. 이 경우 우리는 아동이 '자기 충족적 예언' Self fullfilling Prophecy을 통해 그런 성격을 형성할 것이라고 추리한다. '자기 충족적 예언' 이란 자기가 생각하는(또는 자기가 원하는) 자아상을 구축하고 이것을 달성하려는 행동을 말한다. 예컨대 동안형 아동은 주위에서 자기가 사교적이라고 기대하는 것이 사실이라고 생각하고 이를 실현하려고 노력한다. 물론 이와 반대의 행동을 할 수 있다. 만일 동안형 아동이 주위에서 '의존적' '나약한' 성격이라는 기대를 받으면, 이를 못마땅하게 여기고 부정하려는 행동을 보일 수도 있다. 그래서 반대로 독립적이고 강한 성격을 형성하려 노력할 수 있다. 이런 경향을 심리학자는 '자기 저항적 행동' Self Defeating Behavior이라고 부른다.

여기서 또 한 가지 고려해야 할 점은 동안이 나이가 들면 변하는가하는 동안의 변동성 문제다. 만일 동안이 아동기에만 존재하고 청소년기에 돌입하여 성숙형matured 얼굴로 바뀐다면 문제가 생긴다. 왜냐하면 주위의 사람들이 더 이상 그에게 관심과 애정을 보이지 않고 따라서 자신도 자기 충족적 예언을 실현하려는 욕구를 가질 필요가 없기 때문이다. 이 문제를 어떻게 해결할 것인가? 다행히 얼굴의 성숙성이 나이에 따라 달라지는가를 알 수 있는 연구 자료가 이미 수집되어 있다. 미국 캘리포니아 버클리 대학의 인간발달연구소Institute of Human Development에서 1920년대부터 수백 명의 피험자를 모집하여 그들의 여러 가지 심리학적 발달을 포함한 노화현상을 연구한 바 있다. 이 연구에서는 피험자가 4세 때부터 58세까지 피험자의 여러 가지 신체 발달 및 성취자료(예컨대, 학교 성적, 교사와 임상심리학자의 학생에 대한 행동 및 성격평가 등)를 수집하고 연령변화에 따른 피험자의 사진을 확보해 두었다. 그래서 이 자료를 분석해 나이의 변화에 따른 피험자의 동안의 변화를 분석할 수 있었다. 연구결과를 보면 4세부터 청년기까지는 남녀 모두 얼굴성숙성이 일관적이었다. 즉, 이때까지 동안형은 동안형 그대로 그리고 비동안형은 비동안형 그대로 자랐다. 그러나 청년기가 지나고 나면 여성인 경우는 얼굴성숙성의 변화가 왔고 남성인 경우도 30대 초반까지만 동안이 그대로 유지되었다. 즉, 동안인 사람이 동안으로 남는 것은 여성보다는 남성이 좀 더 길었지만 이도 30대 초반까지만 유효했다(Zewbrowitz, 1998). 이 결과에 비추어 본다면 동안형 인물이 자기 충족적 예언욕구든 자기 저항적 예언욕구든 이를 갖게 되는 것은 아동기부터 시작해 청소년기까지임을 알 수 있다.

연구자들은 캘리포니아의 연구 자료에서 피험자의 성격과 동안과의 관계를 살펴보았다. 그 결과 동안 피험자들이 '복종성'과 '낮은 적개심'이 더 높은 것으로 판명되었다(Zebrowitz, 1998). 동안 피험자에게서 '복종성'이 높게 나타난 것은 주위 사람들이 그를 허약한 얼굴로 보고, '복종적'인 인상을 갖고 그를 대하기 때문에 나타났을 것이다. 한편 '낮은 적개심'은 주위 사람들이 동안 피험자에게 따뜻하게 그리고 친철하게 대함으로써 동안 피험자도 다른 사람에게 '적개심'을 품지 않게 되었을 것이다. 이와 반대로 비동안형(또는 성숙형 얼굴)인 아동에게 부모나 주위 사람들이 미워하거나 차별하거나 거칠게 대하는 경우가 많은데, 그런 경우 비동안형은 타인에게 적대적으로 행동하게 된다.

앞에서 지적했지만 많은 연구결과가 부모를 포함한 교사, 주위 사람이 비동안의 아동, 청소년에 비해 동안의 아동이나 청소년에 대해 더 많은 관심과 애정을 나타내고 있음을 보여 준다. 그리고 바로 앞에 언급한 버클리 대학의 연구결과도 이를 지지하는 증거를 제시하고 있다. 그런데 정말 이런 관심과 애정이 동안형 피험자에게 자기 충족적 예언을 불러일으키는가? 이를 증명하기 위해서는 실험을 해야 한다. 그러나 이런 실험은 실상 불가능하다. 왜냐하면 이 실험에서는 동안형과 비동안형 인물을 가려내어 부모, 교사, 주위 사람들이 각기 다른 태도를 보여 주어야 한다. 그런데 이런 실험은 사람을 대상으로 어떤 자극처치(즉, 관심과 비관심, 애정과 박대 등)를 해야 하고 또 그것도 장기간에 걸쳐 실험을 해야 한다는 점에서 인권의 문제가 개입되어 거의 실현불가능하다. 다만 엄격한 실험은 아니나 이와 유사한 상황을 설정하여 실험을 한 것이 하나 있어 이를 간단히 소개하기로 한다.

스나이더, 탕케, 그리고 버스드(Snyder, Tanke, & Berscheid, 1977)는 두 피험자 집단을 구성했다. 한 집단의 피험자에게는 매력적인 여자의 사진을 주고 그녀와 전화로 대화하도록 요청했다. 다른 집단의 피험자에게는 못생긴 여자의 사진을 보여 주고 그녀와 대화하게 했다. 물론 피험자가 대화를 할 상대방은 사진과는 다른 사람으로 매력도상의 차이가 없는 동일한 인물이었다. 연구의 가설은 자신이 매력적인 여자와 대화하고 있다고 생각하는 피험자들은 못생긴 여자와 대화하고 있다고 생각한 피험자에 비해 상대방에게 보다 호의적이고 다정한 대화를 진행할 것이라는 것이다. 그리고 이렇게 호의적이고 다정한 대접을 받은 상대방 여자는 시간이 지날수록 자기 충족적 예언을 실천하려고 피험자에게 다정하고 따뜻하게 반응할 것이라는 것이다. 그러나 못생긴 여자와 대화 한다고 믿은 피험자는 전화 대화자와 친밀한 관계를 형성하지 못할 것이라고 가정했다. 연구결과는 이 가설을 모두 지지했다. 따라서 이 연구결과는 얼굴의 동안성과 관련한 자기충족적 예언이 사실임을 암시한다(매력적인 사람이 꼭 동안형이지는 않지만 동안형 중에 매력적인 사람이 비동안보다 훨씬 많은 것은 사실이다). 그러나 앞에서 언급한 것처럼 이 실험에서 조작한 자기충족적 예언은 실험 시간의 한 시점에서 조성된 일시적인 것이다. 이 연구는 더 장기적이고 실제 상면을 통한 대인관계상에서 자기충족적 예언의 효과를 검토한 것이 아니다.

정리한다면 동안형 아동의 성격은 성숙형 아동에 비해 '복종적'이고 '적개심이 낮은' 성격임이 밝혀졌다. 그리고 동안형 아동의 이런 성격은 주위에서 그에게 준 애정과 배려 때문에 생긴 '자기충족적 예언', 즉 자기는 허약하고 남에게 적대적이지 않다는 것을 실현하려는 욕구에 의해 형성된 것이었다.

04
미인과 미인의 성격

인 상 심 리 학

우리는 미인에 대한 기준이 서로 다르다고 말한다. 이것은 사실인가? 어떻게 보면 맞는 말인 듯하다. 예컨대, 아마존의 어떤 원시족은 아랫입술이 둥글게 앞으로 튀어나와야만 미인으로 행세한다. 그래서 그 원시족은 어렸을 때부터 아랫입술을 툭 튀어나오게 만드는 도구를 입안에 넣어 아랫입술을 키우는 피나는 노력을 경주한다.

그러나 한편 '누가 미인이다'라는 말에 관해 많은 사람이 의견을 같이 하기도 한다. 현 시대의 최고 아이돌인 '소녀시대' 그룹 아홉 명의 얼굴은 모두 하나같이 예쁘다. 이 소녀들을 밉다고 생각하는 사람은 아무도 없을 것이다. 물론 '소녀시대' 아홉 명 중 누가 더 나의 취향이라고 말할 수는 있다. 그래서 나는 윤아를 제시카보다 더 좋아한다고 말하는 사람도 있을 것이다. 그러나 이것은 세부적인 면에서의 개인취향을 표현한 것에 불과하다. 아무도 소녀시대 아홉 명 각각을 미인이 아니라고 말하는 사람은 하나도 없을 것이다. 이 점에서 미인에 관한 기준이나 정의는 공통적이라고 말할 수 있다.

물론 미인의 기준이 시대에 따라 그리고 나라에 따라 좀 다르긴 하다. 조선 왕조 시대나 우리가 곤궁하던 6·25 전쟁 시대에는 얼굴이나 몸매가 통통한 사람이 미인의 조건이었다. 그러나 지금 이런 조건은 북한에서나 통한다. 한국을 포함한 선진국에서는 모두 가냘픈 몸매에 가름한 얼굴이 미인의 중요한 기준이다. 한국에서 쇄골이 들어난 몸매의 여성을 선호하는 것을 이북에서는 이해하지 못한다고 한다. 잘 먹어 살이 찐 사람을 선호하는 것은 궁핍과 관련이 있는 것 같다. 궁핍한 생활은 사람들로 하여금 풍요로운 식생활을 해 살이 찐 사람을 선호하게 만드는 경향이 있다. 그러나 풍요한 나라의 현대 사회에서는 한결같이 마르고 야윈 사람을 미인으로 간주한다.

이 장에서는 미인의 기준에 관해 좀 더 구체적으로 살펴보기로 한다. 미인 얼굴의 전체적인 모양을 비롯하여 얼굴 각 부위의 모양과 위치에 관해 구체적으로 살펴볼 것이다. 그다음 미인에 대한 성격추론에 관해 논의할 것이다. 일반인들이 미인의 성격에 관해 어떤 생각을 하는지를 살펴본다. 마지막으로 실제 미인들이 어떤 성격을 소유하고 있는지를 조사할 것이다.

미인의 기준

앞에서 유아가 사람 얼굴을 일찍부터 인식한다는 사실을 이야기한 적이 있다. 그런데 또 다른 재미있는 사실은 유아도 4개월이 지나면 아름다운 얼굴을 선호한다는 것이다. 유아는 매력이 없는 얼굴보다 매력적인 얼굴을 더 장시간 쳐다보고 더 오랫동안 상호작용했다(Langlosis, Ritter, Roggman, & Vaughn, 1991).

사람들은 남녀, 인종, 노소老少를 불문하고 어떤 얼굴이 매력적인가에 대해 의견의 일치를 보인다. 누가 매력적인 얼굴인지에 대한 평가는 사람을 잠깐 동안 흘깃 보거나 오래 관찰하던 간에 상관없이 사람들 사이에서 쉽게 합의를 본다. 남자보다는 여자 얼굴의 매력을 평가할 때 판별distinction을 더 잘하며 판별을 더 극단적으로 한다.

남녀는 여자의 매력에 관해 서로 다른 관점을 가질 것이라는 일반인의 가정은 틀렸고 남자가 남자의 매력에 대해서도 서로 다른 관점을 갖는다는 속설도 틀렸다. 따라서 남자의 매력에 대한 남자의 판단은 여자의 남자매력판단과 일치했다. 이제 구체적으로 어떤 얼굴이 매력적인가 하는 그 기준에 관해 살펴보기로 하자. 제브로위치는 매력의 기준 및 매력에 영향을 주는 요인 여섯 가지를 언급한 바 있는데(Zebrowitz, 1998) 아래에 이를 간추려 보기로 하자.

정렬(straight)프로필

심리학자들이 아동이나 성인들을 피험자로 이용하여 얼굴의 매력도를 판별하게 한 결과는 일관성 있게 프로필, 즉 사람의 옆얼굴이 정렬적이었을 때, 즉 이마로부터 턱 아래까지가 일직선을 이루었을 때 보기 좋고 아름답다고 평가했다([그림 4-1]의 왼쪽 그림). 또 다른 연구에서는 실제 어떤 여자의 옆얼굴을 다양하게 변화시

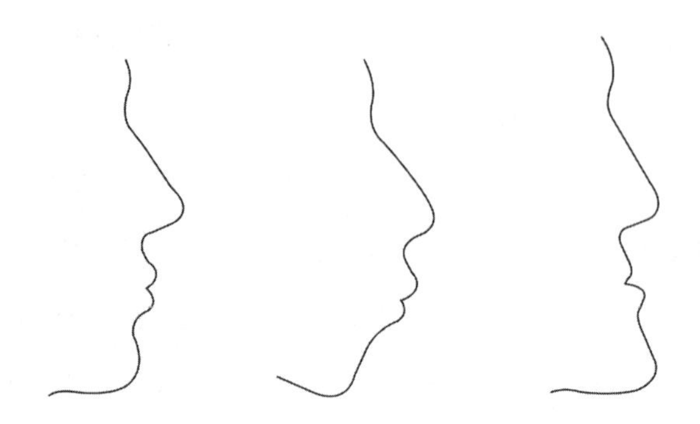

[그림 4-1] 사람의 옆얼굴을 다양하게 변화시킨 모습이다.

켜 입이 돌출한 볼록형 프로필([그림 4-1]의 중간 그림)을 만들거나 반대로 입이 안으로 굽고 턱이 앞으로 돌출한 오목형 프로필([그림 4-1]의 오른쪽 그림)로 변화시켜 제시했을 때 이 두 경우보다는 한결같이 정렬형 프로필을 더 선호하는 것으로 나타났다.

그러면 얼굴 정렬프로필을 선호하는 이유는 무엇일까? 아마도 유전적 적합성genetic fitness이 한 이유가 될 것 같은데 그 이유는 정렬프로필이 어떤 기능적 역할을 갖고 있기 때문이다. 어금니가 서로 정상적으로 맞물려야만 얼굴 정렬프로필이 생긴다. 그리고 어금니가 정상적으로 맞물리면 치아가 진화적 생존가치를 갖게 된다. 환언하면 얼굴 정렬프로필은 우리 신체가 정상적으로 발달할 때 생기고 이의 효율적 저작咀嚼을 가능하게 하는데 그래서 얼굴 정렬프로필은 생존가치가 높다. 따라서 정렬프로필은 유전적 적합성을 지닌다.

그러나 여기서 주의할 점은 기능적으로 이상적인 프로필은 개인의 얼굴 모양에 따라 다르다. 사람마다 이 프로필이 똑같을 필요는 없다. 그래서 만인 공통의 미학적 원리는 우리가 아름답게 보이려면 얼굴이 똑같을 필요는 없다고 말한다.

프로필이 매력을 결정짓는 한 기준이기는 하지만 정면의 얼굴의 매력도를 판단할 때는 프로필의 매력이 큰 영향을 주지 않는다. 따라서 치열교정 의사는 프로필 정렬만을 토대로 얼굴의 매력도를 판단하는 데 애를 먹는다. 그 이유는 프로필의 정열도가 정면사진에서는 다르게 보이기 때문이다.

황금비

그리스의 철학자 플라톤은 얼굴 매력의 기준으로 황금비율golden proportion을 주장했다. 그가 말하는 얼굴매력의 황금비율은 무엇인가? [그림 4-2]의 왼쪽을 보자. [그림 4-2]의 왼쪽 그림에서와 같이 얼굴을 위에서 아래로 똑같이 3등분할 때 그 면적이 똑같아야 한다는 것이 황금비율의 첫째 조건이다. 이 3등분의 첫 번째 면적은 머리카락선에서부터 눈두덩이까지다. 두 번째 면적은 눈두덩이로부터 코밑까지이고 세 번째 면적은 코밑에서부터 턱 끝까지다.

머리카락선에서부터 코밑까지의 거리가 전체 얼굴 길이의 2/3일 때 이를 황금비율이라고 부른다. 얼굴의 세 번째 면적 역시 3등분이 되어야 황금비를 이룬다. 그 3등분의 첫 번째는 코밑에서부터 윗입술과 아랫입술이 만나는 지점까지다. 두 번째는 두 입술의 교

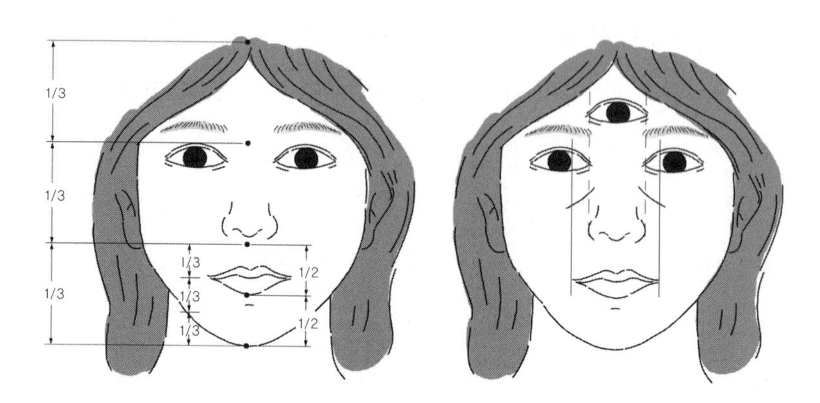

[그림 4-2] 얼굴을 수평선상(왼쪽)으로 또 수직선상(오른쪽)으로 갈라 황금비율을 나타낸 모습이다.

차점에서부터 아랫입술의 복각伏角선까지며 세 번째는 이 복각선 depression에서부터 턱 끝까지다. 마지막으로 코밑에서부터 입술 아래쪽까지의 길이는 입술 아래에서부터 턱 끝까지의 거리와 같아야 한다.

[그림 4-2]의 오른쪽 그림은 같은 얼굴을 수직선으로 갈라본 것이다. 매력적인 얼굴은 수직선상에서도 황금비율을 나타낸다. [그림 4-2]의 오른쪽에서 보는 바와 같이 입의 크기는 안구 홍체의 안쪽 경계 간의 거리와 같다. 코는 두 눈 간의 거리와 같고 두 눈 간의 거리는 한 눈의 크기와 같다. 앞에서 보는 바와 같은 얼굴의 수직선상의 거리는 황금비율을 이루는데, 예컨대 코의 크기는 입의 크기의 약 2/3다.

2012년 4월 영국 데일리 메일에서는 영국에서 열린 '가장 자연스럽고 아름다운 얼굴 선발대회'에서 1위를 차지한 '황금비율 미녀' 플로렌스 콜게이트Florence Colgate(18) 양을 보도하였다. 이 미녀의 얼굴을 앞에 설명한 황금비율로 측정해 보면 아마 거의 일치할 것이다.

대 칭

미의 또 다른 구성요소로 얼굴 특징의 크기, 유형, 그리고 배열상의 대칭symmetry이 있다. 다시 말하면 우리는 좌우가 똑같은 대칭의 그림을 더 좋아한다. 정말 그럴까? 희한하게도 유아조차 좌우 대칭형을 상하 대칭형보다 또는 비대칭형보다 더 좋아한다는 사실이 밝혀졌다. 그 연구를 살펴보자(Bornstein, Ferdinandsen, & Gross, 1981).

4개월 된 유아에게 [그림 4-3]와 같은 세 종류의 그림을 보여 주었다. [그림 4-3]의 왼쪽 그림은 수직축을 둘러싼 좌우 양쪽이 대칭인 그림이다. 그리고 중간에 있는 그림은 수평선상의 상하 대칭으로 그린 그림이다. 마지막으로 [그림 4-3]의 오른쪽 그림은 대칭이 없는 완전 비대칭 그림이다. 4개월 된 유아에게 이 세 가지 그림을 보여 준 결과 좌우 대칭인 그림을 제일 오랫동안 주시했다. 유아가 대칭의 그림을 더 선호한다는 이 연구결과는 대칭선호가 선천적이고 유전적 가치가 있을 것임을 시사한다. 뒤에서 좀 더 자세히 말하겠지만 일반적으로 대칭으로 생긴 동물은 더 아름다운데 아름다운 것은 동물이 교배대상으로 더 선호한다. 왜 아름다운 대

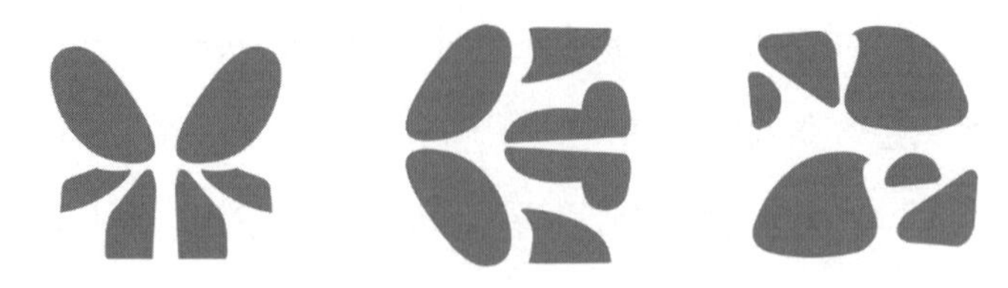

[그림 4-3] 좌우 대칭(왼쪽), 상하 대칭(중간), 비대칭(오른쪽) 모양을 나타낸다.

상이 교배 시에 더 선호되는가? 아름다운 대상은 흔히 건강하고 젊기 때문이다. 앞에서 언급한 바 있지만 유전적 결함을 가진 사람은 얼굴이 비대칭적이다.

대칭성을 선호하는 또 다른 이유의 하나는 우리가 물체가 어떤 방향으로 위치해 있든 간에 똑같은 물건으로 보려는 경향이 있기 때문이다. 즉, 우리는 얼굴의 한쪽 프로필을 보면 다른 쪽 프로필도 똑같이 생겼다고 생각하기 쉽다. 마지막으로 얼굴의 대칭은 인구평균population average과 가깝기 때문이다. 국민 대부분의 얼굴은 대칭인데 우리는 이런 평균적 얼굴을 더 선호하는 경향이 있다. 이에 관해서는 이 장의 말미에서 자세히 논의할 것이다.

젊음

매력의 또 다른 중요한 요소 중의 하나는 젊음이다. 나이가 들면 누구나 얼굴에 주름살이 생기고 피부가 거칠어진다. 그래서 노인이 아무리 잘 생겨도 매력도가 떨어지는 반면 젊은이는 젊음 그 자체로 매력도가 높아진다.

앞에서 살펴본 동안은 젊어 보이는 경향이 있는데 그렇다면 동안은 매력적으로 보이는가? 동안과 매력과의 관계는 다소 있지만 완벽하지는 않다. 즉, 동안이라도 매력이 없는 사람이 있는가 하면 비동안도 매력적인 사람이 있다.

여기서 우리는 왜 젊음을 매력적으로 보고 선호하는지 그 이유를 한번 생각해 볼 필요가 있다. 하나의 원인은 젊은 사람은 생식력fertility이 높아 유전적 가치가 있기 때문이다. 특히 여자보다는 남자가 젊은 사람을 좋아하는데 그 이유의 하나는 남자는 여자보다 생식력이 오래 동안 지속되기 때문이다. 세계 27개국의 남녀를 대상으로 선호하는 배우자의 나이를 조사한 결과는 한결같이 남자가 여자보다 더 젊은 나이를 선호했다.

여자의 매력이 남자보다 일찍 감소하는데 그 이유가 여자는 남자보다 더 일찍 생식력이 없어지기 때문인 반면 남자는 폐경기가 없어 나이가 많아도 매력이 늦게 감소한다는 속설이 있다. 그러나 연구결과는 이와 다르게 나타났다. 여자의 매력상실은 생식력이 급감하는 30대로부터 50대까지는 보통수준이지만 생식력의 감소가 아주 미미한 18세부터 30세까지가 가장 두드러졌다.

마지막으로 젊음이 매력적이고 우리가 젊음을 선호하는 이유는 젊음은 건강하기 때문이다. 실제 조사를 해 보아도 같은 나이라고 해도 젊은 얼굴은 늙은 얼굴보다 더 건강하다고 의사가 판단했다. 그리고 젊게 보이는 사람은 실제 더 오래 살았는데 특히 45세와 75세 사이의 사람들 중에서 이런 현상이 나타났다. 따라서 젊음이 매력적인 이유는 젊음이 유전적 가치가 있기 때문이라는 유전적 해석은 맞다.

평균성

얼굴의 평균성averageness이란 집단전체의 얼굴을 합쳐 평균을 낸 것을 말한다. 평균 얼굴을 어떻게 만드는가? 컴퓨터 작업으로 가능한데 컴퓨터는 우리 여러 사람의 얼굴 특징을 수식화할 수 있고 이를 평균해서 평균얼굴을 합성해 낼 수 있다. 그런데 우리는 두 가지 이유에서 평균적인 얼굴을 좋아한다. 하나는 우리가 낯선 얼굴보다는 낯익은 얼굴을 좋아하는 경향이 있다. 이는 심리학 실험을 통해서도 밝혀진 사실이고 실제의 한 예를 든다면 프랑스의 에펠탑이다. 에펠탑이 처음 설치되었을 때 파리 시민들은 그것이 철의 괴물상이라고 혹평했다. 그러나 몇십 년간 이에 낯이 익어진 결과 오늘날 에펠탑은 파리를 상징하는 멋있고 위풍당당한 조형물로 간주되어 파리 시민의 사랑을 담뿍 받고 있다. 에펠탑을 자주 본 결과 친밀성familiarity이 생겼기 때문이다.

친밀성은 사람의 얼굴에도 해당되어 우리는 자기 집 식구를 다른 사람이 생각하는 것보다 더 잘 생겼다고 믿는다. 자기 식구니까 팔이 안으로 굽어서 그러는 것이 아니다. 못생긴 얼굴이라도 자주 보니까 친밀성이 생겨서 그렇다.

평균얼굴을 선호하게 만드는 두 번째 원인은 진화론적 압력 때문이다. 평균얼굴에 가까운 사람일수록 나쁜 유전자를 가진 사람이 아닐 가능성이 높다. 좋은 유전자를 가진 사람은 생존가능성이 높으므로 그만큼 많이 존재해 평균얼굴에 기여한다. 평균에서 일탈한 얼굴은 유전적 결함을 가졌을 가능성이 높기 때문에 우리가 이런 사람을 회피하려는 경향이 있다.

평균적 얼굴이 매력적으로 보인다는 증거는 컴퓨터를 통해 많은 사람들의 얼굴을 '평균화'한 실험결과에서 밝혀졌다. 즉, 피험자들은 컴퓨터 합성을 통해 제작한 평균적 얼굴을 개별 얼굴보다 더 매력적이라고 판단했다.

평균적 얼굴이란 실제적으로 어떤 얼굴인가? 소위 평범한 얼굴이다. 그래서 군중 속에서 잘 가려낼 수 없는 사람을 말한다. 우리 주위에 한번 보고 쉽게 기억할 수 있는 사람은 흔히 비평균적 얼굴을 가진 사람이다. 반면 한 번 보고 쉽게 기억할 수 없는 사람이 있는데 그 사람이 바로 평균적 얼굴을 가진 사람이다.

그런데 여기서 우리는 남녀의 매력적인 얼굴을 결정짓는 여러 요소, 즉 지금까지 앞에서 말한 황금 비율, 대칭성, 그리고 평균성에 위배되는 특이한 매력이 있음을 알아야 한다. 이 특이한 매력의 예를 든다면 소피아 로렌Sophia Loren과 커크 더글라스Kirk Douglas다. 소피아 로렌의 눈은 평균보다 더 크고 커크 다그라스의 턱 역시 보통보다 큰데 그 턱의 갈라진 틈이 그의 매력의 징표다. 그런데 이런 특이한 미인은 얼굴의 대부분이 평균적인 얼굴을 가지고 있으면서 한두 가지 얼굴 특징이 평균에 위배되는 것이다. 이런 특이한 아름다움을 가진 사람을 잘 살펴보면 남자의 경우에는 보통사람보다 턱이 더 크다. 여자인 경우는 광대뼈가 높고, 좁고 낮은 턱, 큰 눈, 코와 입 간의 거리가 짧고, 그리고 입과 턱 간의 거리가 짧다.

영국의 철학자 프란시스 베이컨Francis Bacon은 "특출한 미美치고 비율상의 약간의 상위점strangeness이 없는 것은 없다."라고 말했는데 그의 말은 특출한 미녀와 미남에게도 적용되는 말이다.

매력의 남녀 간 차이

남녀의 매력 포인트는 각기 다른가? 먼저 전형적인 남녀의 얼굴이 각기 다르다는 것을 말해야 할 것 같다. 전형적인 여자의 얼굴은 남자보다 작은 턱, 작은 코, 그리고 큰 눈과 광대뼈다. 남녀 간의 이런 얼굴특징의 차이는 사춘기의 호르몬 분비와 여자 얼굴이 일찍 성장을 끝마치는데 기인한다. 앞에서 우리는 특이한 여자의 매력, 예컨대 소피아 로렌의 큰 눈에 관해 이야기한 바 있는데 이런 특이한 매력은 남녀 간의 차이를 더 극대화한 경우였다. 따라서 남녀 간의 차이를 극대화한 얼굴특징은 그 자체가 가장 여자답기 때문에 더 매력적으로 지각된다.

남녀 얼굴 간의 또 다른 극명한 차이는 턱이다. 남자의 턱은 여자의 턱보다 현저하게 크다. 그런데 남자의 턱은 클수록 더 매력적으로 보이지만 여자의 경우는 그렇지 않다. 턱 자체가 남녀 간의 차이를 분명히 해 주기 때문에 이 턱이 남자의 매력을 결정짓는 요소다.

성인 여자의 얼굴은 흔히 성인 남자의 얼굴보다 더 동안童顔이다. 즉, 동안성도 남녀 간의 차이를 보여 주는 한 특징이다. 그러므로 이 동안성은 남자보다는 여자의 매력을 더 높여 준다. 반면 남자의 경우는 동안이 아닌 성숙한 얼굴이 더 매력을 높여 준다.

연구결과 사람들은 여자의 경우 동안형 여자, 즉 큰 눈, 둥근 얼굴, 도톰한 입술을 가진 사람을 더 매력적이라고 평가한 반면 남자의 경우 성숙한 얼굴, 즉 작은 눈, 각지고 큰 턱, 그리고 얇은 입술을 가진 사람을 더 매력적이라고 지적했다.

심리학자들의 연구를 보면 여성 중에서도 작은 턱, 하트형 얼굴, 들창코, 도톰한 입술, 그리고 고운 피부를 가진 사람을 가장 매력적인 여인으로 뽑은 반면, 남성 중에서는 각진 얼굴, 우뚝한 코, 갈색의 피부를 가진 사람을 가장 매력적인 남자로 선정했다.

미인의 성격 추론

서양인에 비해서 동양인은 신체적 매력보다는 마음씨와 행동을 더 중요시했다. 그래서 매력적인 사람 또는 미인에 대해 좋은 선입견이나 태도를 가지기보다는 오히려 착하고 선한 마음씨와 행동을 아름다운 얼굴보다 더 아름답다고 생각했다. 더 나아가 오히려 미인에 대한 부정적 태도를 지니기까지 했다. 미인박명美人薄命이 그 대표적인 예이고 일반사람들도 "미인은 얼굴값을 한다."라는 말을 자주 한다. "미인이 얼굴값을 한다."라는 말은 좋은 뜻에서 한 말이 아니다. 미인이 성격과 행실이 나쁘다는 것을 의미한다. 흔히들 미인이 이기심이 많고 거만하다고 평한다. 그렇게 된 이유는 주위 사람들이 미인을 떠받들고 위해 주기 때문이라는 것이다.

동양인에 반해서 서양인은 비교적 미인을 긍정적으로 간주하는 경향이 있다. 앞에서 말한 후광효과에 관한 실험결과는 이런 미인에 대한 서양인의 태도를 잘 나타내는 결과다. 이 후광효과 연구는 피험자에게 매력적인 사람과 그렇지 않은 사람의 사진을 보여 주고 그의 성격과 여려가지 자질을 평가하게 한 것이다. 예컨대, 지적 능력, 대인관계, 직업에서의 성공도 등등이다. 그랬더니 매력적인 사람은 매력이 없는 사람에 비해 모두 긍정적인 평가를 얻었다. 즉, 그는 지능이 높고 대인관계를 잘하며, 인기도 높고, 직장에서 성공한다는 것이다. 그러나 재미있는 것은 매력적인 사람이 매력이 없는 사람에 비해서 단 한 가지 측면에서 부정적인 평가를 받았다. 그것은 '배우자로서의 자질'이다. 매력적인 사람은 그렇지 않은 사람에 비해 배우자로서의 자질이 뒤떨어진다는 평가를 받았다. 이런 결과가 나온 것은 아마도 매력적이기 때문에 바람피울 가능성이 높다고 피험자들이 판단했기 때문일 것이다.

이렇게 동서양에서 미인 또는 매력적인 사람에 대한 성격이나 행동에 대한 평가가 서로 다른데 이것은 어디까지나 일반인들의 선입견 또는 태도에 불과하다. 실제로 이들의 성격이 어떻게 다른지는 실제로 연구를 해 보아야 알 수 있을 것이다. 아래 절에서는 미인에 대한 성격과 행동을 조사한 연구결과를 검토할 것이다.

미인의 성격

미인의 성격에 관해 논하기 전에 먼저 살펴보아야 할 것이 있는데 그것은 구체적으로 미인이 어떤 성장 과정을 통해서 남과 다른 성격을 형성했을 것인가 하는 문제다.

앞에서 동안의 성격 형성을 논할 때 사람들이 동안을 좋아하기 때문에 동안형 유아는 어려서부터 부모나 주위 사람들로부터 더 많은 사랑과 관심을 갖게 되고 이런 우호적인 양육 분위기가 동안형 유아로 하여금 자신감, 대인관계에 대한 원만성을 지니게 된다고 설명한 바 있다. 이와 똑같은 과정과 결과가 매력적인 또는 아름다운 유아에게도 발생하는가?

매력적인 유아는 생애 초기부터 시작해 성인기까지 주위 사람으로부터 관심과 사랑을 더 많이 받는다는 사실이 발달심리학자의 연구에서 밝혀졌다. 즉, 매력적인 유아는 부모나 주위 사람으로부터 뽀뽀, 어르기, 미소, 눈 맞춤, 그리고 안아주기 등을 더 많이 받았다. 반면 못생긴 유아는 부모로부터 무시당하기 일쑤였다.

유아기에서는 매력과 동안성이 상당히 관련되어 있다. 즉, 동안적 유아는 매력적인 아기로 취급되는 바 이 아이들의 특징은 큰 이마, 작은 턱, 큰 눈, 작은 코다. 따라서 동안형 유아는 매력적인 유아로 간주된다.

매력적인 아이에 대한 우리의 태도는 유아기에서 아동기로까지 이어진다. 부모들은 못생긴 딸에 대해서는 실망을 하고 매력적인 아동에 대해서는 성격을 긍정적으로 평가하는데 이는 교사도 그리고 친구도 마찬가지다.

아동들이 반 친구들을 평가한 결과에 따르면 매력적인 아동은 친구로부터 환영을 더 받고, 친구가 더 많고, 그리고 리더로 선정되는 경우가 더 빈번했다. 미국에서 초등학교 5학년생과 중학교 2학년 사이에서 매력성은 성적보다도 인기를 얻는데 더 중요한 요인으로 밝혀졌다.

미국이나 한국에서 왕따를 당하는 학생들은 못생긴 아이들에게서 더 많이 발생했다. 얼굴도 예쁘고 공부도 잘하는 소위 '인기짱'인 학생이 역으로 왕따를 당하는 경우가 있지만 이는 아주 드문 경우다. 이 경우에는 반 친구들의 시기심이 발동했기 때문에 '인기짱'을 따돌리는 것이다.

저자와 동료들이 2000년 서울의 모 중학교 교실에 비디오 카메라를 설치하고 왕따를 현장에서 연구한 바 있다(이훈구, 2000). 이때 우리 연구에서 나타난 석이(가명임)라는 왕따를 살펴보면 그의 얼굴에 문제가 있었다. 그는 중학교 2학년생인데도 불구하고 대표적인 성인형 얼굴이어서 나이에 비해 얼굴이 성숙해 보였다. 그래서 아이들이 그를 싫어하고 놀이에 끼워 주지 않고 몰매를 가했다.

매력적인 아동이나 청소년들은 교사나 주위 사람으로부터 지적

능력이 더 높고 학업성취도도 높을 것이라는 기대를 갖게 만들었다. 즉, 심리학자들이 교사나 대학생들로 하여금 사진속의 아동이나 청소년들의 지적 능력을 평가하게 했을 때 매력적인 사진의 주인공이 매력이 없는 사진의 주인공보다 더 공부를 잘 할 것이라고 추측했다.

아동의 매력은 어른이 아동의 잘못한 것에 대한 해석에도 영향을 끼쳤다. 교사나 부모는 아동이 사소한 잘못을 했을 때 매력적인 아동의 잘못은 의도가 없었던 것으로 추론하는 반면 매력이 없는 아동의 잘못은 의도가 있었던 것으로 간주했다. 그러나 한 가지 예외가 있었다. 만일 비행이 심한 경우에는 매력이 주는 완화효과가 사라졌다. 즉, 한 실험에서 열 살 먹은 아동이 불끈 화를 내거나 돈을 훔친 경우 교사들은 오히려 매력적인 아동에게 처벌을 주어야 한다는 입장을 표명했다. 이런 연구결과는 법정에서도 흔히 발생한다. 일반적으로 매력적인 얼굴은 같은 내용의 범죄를 저지른 못생긴 범인보다 더 가벼운 처벌을 받았다. 그러나 죄질이 나쁜 경우, 예컨대 사기와 같은 경우는 오히려 매력적인 사람이 더 엄한 처벌을 받는다. 예쁜 얼굴을 악용해 범죄를 저질렀다고 판사가 판단하기 때문이다.

이렇게 매력적인 사람은 동안형 사람과 같이 부모, 교사, 친구, 이웃으로부터 사회적 지원을 받는다. 즉, 이들로부터 사랑, 관심, 기대를 많이 받는다. 또 잘못을 저질러도 그것이 큰 잘못이 아닌 경우에는 너그럽게 용서를 받는다. 그러므로 매력적으로 생긴 사람들은 동안형 아동과 같이 자신감을 갖고 인간관계를 잘할 가능성이 있다. 그러나 정말 매력적인 사람은 그런 성격의 소유자일까? 아래 절에서 이 문제를 다루기로 하자.

앞의 3장의 동안연구에서 저자는 캘리포니아 대학의 인간발달연구소의 연구를 소개한 바 있다. 이 연구는 1920년부터 시작했는바 수 백 명의 피험자를 대상으로 피험자가 4살 때부터 58세까지 5년 간격으로 그들의 인간발달을 조사했다. 여기서는 피험자의 사진을 찍고 그들의 학교성적을 비롯한 신체발달상황을 조사했다. 매력과 관련한 이 연구의 결과를 살펴보면 다음과 같다.

사람의 매력은 나이에 따라 변하지 않고 남녀 모두 일생동안 일관성 있게 유지되었다. 매력적인 사람들의 성격을 조사한 결과 가장 두드러진 것은 '사교성'이었다. 매력적인 사람이 왜 사교적으로 되는가? 앞에서 추론한 것처럼 그들은 매력적이지 않은 사람에 비해 부모, 교사, 친구로부터 더 많은 사랑과 관심을 받기 때문이다. 그래서 자신감이 있고 사람을 좋아하기 때문이다.

그러나 잘생긴 사람이 머리도 좋고, 직업에서 성공하며 자신감도 높을 것이라는 일반인의 예측은 빗나갔다. 반대로 매력적인 사람이 이기적이고 자기중심적이라는 예상도 맞지 않았다. 매력적인 사람은 그렇지 않은 사람과 성격상의 차이가 거의 없고 단지 사교성에서만 차이가 있었을 뿐이다.

05
정서의 얼굴 표현

인간은 정서와 함께 살아간다. 우리의 인생살이에는 슬프고, 괴로운 일이 있는가 하면 기쁘고 신나고 행복한 일도 겹친다. 그런데 이런 정서는 우리의 신체에 반영되고 우리의 건강에도 영향을 준다. 즉, 자주 웃으면 엔도르핀이 솟구쳐 건강해지고 화를 잘 내면 혈압이 상승해 몸을 해친다. 그런데 정서는 일차적으로 우리의 얼굴에 반영된다.

진화론자 다윈Charles Robert Darwin은 말년에 정서에 관해서 중점적으로 연구했고 정서 표현이 선천적임을 밝혔다. 즉 동물이 공포나 분노를 표현하는 얼굴 표정은 인간의 그것과 거의 유사하다. 다윈의 이론을 본받아 폴 에크만Paul Ekman이라는 사회심리학자는 정서 표현이 선천적이고 세계 공통적임을 밝혀냈다. 그는 1968년 미국 대학생과 당시 아직 석기 시대 삶을 사는 파푸아뉴기니 주민을 대상으로 정서의 표현을 연구했다. 그 결과 미국 대학생이나 파푸아뉴기니 원시족이나 기쁨, 분노, 슬픔, 불쾌를 나타내는 얼굴 표정이 모두 같았다. 두 나라 사람들은 서로 한 번도 만나보지 못했지만 상대방의 사진을 보고 사진 속의 인물이 지금 느끼는 감정이 무엇인지를 정확하게 맞추었다.

정서가 정확하게 얼굴에 표현된다는 사실은 우리로 하여금 얼굴 표정을 짓게 만든 정서가 무엇인지를 가늠하게 만든다. 앞 장에서 말했지만 우리가 얼굴로부터 얻는 정보 중 중요시해야 할 것 중에 하나가 바로 정서다. 즉, 상대방의 얼굴을 통해 그의 현재의 정서 상태를 판독해야 한다.

이 장에서는 첫째 간단하게 정서란 무엇인가를 검토한 후 중요한 정서가 구체적으로 어떻게 얼굴에 표현되는지 그 방법을 살펴볼 것이다. 두 번째 절에서 다룰 내용은 정서가 오랫동안 얼굴에 표현되면 그것이 그대로 각인되는가의 여부다. 첫 번째 절은 그 정서 표현의 장기간의 효과를 다루지 않고 단순히 그 표현방법을 살핀다는 점에서 두 번째 절과 다르다.

정서의 얼굴 표현

먼저 정서란 무엇인가? 정서는 여러 가지 느낌, 기분, 감정 등을 통틀어 말한 것이다. 그런데 심리학자들은 기분과 감정을 구분한다. 기분의 특징은 그 원인이 애매하고 지속 기간이 좀 길다는데 있다. 그래서 우리는 원인 모르게 우울할 때가 있으며 이 우울한 기분이 며칠이나 몇 달씩 지속되는 경우가 있다. 반면 감정은 그 원인이 뚜렷하며 지속 기간이 짧다. 기쁨, 슬픔, 분노, 공포는 그것을 일으킨 원인이 분명하다. 예컨대, 테니스 경기에서 이기면 기쁘지만 그러나 그 지속 기간은 상당히 짧다.

앞서 말한 에크만은 원시인에 가까운 포레족과 현대 미국인을 대상으로 연구하여 문화권이 다름에도 불구하고 두 나라 사람들이 정서를 똑같이 표현하고 그 정서를 정확히 알아맞힌다는 사실을 밝혀냈다. 그래서 에크만은 그의 연구결과를 토대로 인류보편적인 정서가 여섯 개, 즉 기쁨, 슬픔, 분노, 두려움, 불괘, 놀라움이라고 주장했다. 그런데 여기서는 그중 우리가 자주 경험하고 따라서 얼굴에 각인될 수 있는 다음 네 가지 정서만을 살펴보기로 한다. 기쁨, 슬픔, 분노, 두려움 이 네 가지 정서가 얼굴에 어떻게 반영되는지를 각 정서별로 살펴보기로 하자.

기 쁨

즐겁고 기쁜 감정에 관해서는 우리가 잘 알고 있다. 이 감정에는 여러 종류가 있다. 재미, 만족, 안도감, 흥분, 황홀, 자부심, 대견함, 고양, 감사함, 남의 불운에 고소해 하는 감정 등이 있는데 어떤 정서심리학자는 이 기쁨의 종류가 열다섯 가지나 된다고 한다(이민아 역, 2003).

또, 기쁨의 얼굴 표현도 비교적 뚜렷하다. 뺨의 근육이 위로 당겨지고 눈이 가늘어지며 양쪽 입가가 위로 올라간다. 즉, 우리가 즐겁고 기쁠 때는 얼굴에 웃음이 나타나는데 양 입 끝이 위로 올라가는 미소가 지어진다.

그런데 우리는 별로 기쁘지 않거나 기분이 나쁠 때도 미소를 지을 수 있다. 예컨대, 상대방이 우리에게 모욕을 주어 우리의 자존심이 꺾이거나 경기에 실패해 낙담해도 우리의 울적한 기분을 감추고 예의상 가짜 웃음을 지을 수 있다. 즉, 우리는 입가에 미소를 띄워 가짜 웃음을 만들어 낸다. 그래서 우리는 상대방이 짓는 웃음이 신짜인지 아니면 가짜인지를 판단할 필요가 있다.

우리가 가짜 웃음과 진짜 웃음을 가려낼 수 있는가? 에크만(이민아 역, 2003)은 프랑스의 신경학자 뒤셴 드 블로뉴Duchenne de Boulogne의 연구를 토대로 진짜 웃음과 가짜 웃음을 가려내는 방법을 알아냈다. 이 두 연구자는 웃음이 얼굴에 나타나는 세 가지 방법 중 두 가지, 즉 뺨의 근육을 위로 당기는 것과 양 입가를 위로 올리는 것은 우리가 인위적으로 조작할 수 있음을 발견했다. 그러나 마지막 방법인 눈을 둘러싼 근육을 조작할 수는 없다. 눈둘레근은 두 부분으로 나뉘는데 하나는 안쪽 근육으로서 눈꺼풀과 그 바로 밑의 피

[그림 5-1] 진짜 웃음(왼쪽)은 입가와 눈가 모두 웃음 짓고 있다.
가짜웃음(오른쪽)은 눈이 웃고 있지 않다.

부를 조여 준다. 바깥 근육은 눈구멍 주위를 담당하는데 눈썹과 눈썹 밑 피부를 아래로 내리고 눈 밑 피부를 들어 올린다.

진짜 웃음과 가짜 웃음을 판별하는 방법은 눈을 살펴보는 것이다. 즉, 웃는 사람이 입가에 웃음을 짓고 있지만 눈이 웃고 있지 않다면 그는 가짜 웃음을 짓고 있는 것이다. 눈둘레근까지 움직이는 웃음을 자주 짓는 사람들이 기쁨을 더 자주 느끼고 혈압이 낮은 것으로 나타났다. 또 생후 10개월 된 유아가 낯선 사람이 다가갈 때 웃는 경우 눈둘레근이 움직이지는 않았지만 엄마가 나타났을 때는 눈둘레근까지 움직이는 눈웃음이 발생한다.

가짜 웃음의 또 다른 특징은 우리가 자기의 정서를 숨길 때 일반적으로 나타내는 비대칭적인 얼굴모습을 나타낸다. 즉, 우리가 억지로 웃을 때 우리의 얼굴 한쪽은 웃고 한쪽은 웃지 않는 비대칭이 나타난다.

슬 픔

육체적 통증을 수반한 괴로움, 중요한 것을 잃은 상실감, 그리고 우울감이 슬픔에 속하는 정서다. 슬픔도 기쁨과 마찬가지로 비교적 우리가 간파하기 쉽다. 슬픔을 억제하지 못하는 경우, 우리는 눈물을 흘리고 소리 내어 운다. 슬픔을 유발하는 원인은 크게 상실이다. 상실은 두 가지 종류로 나뉘는데 물질적 상실과 심리적 상실이다. 물질적 상실은 돈이나 중요한 재물을 잃었을 때 나타나며 심리적 상실은 사랑하는 사람이나 명예를 잃었을 때 생긴다.

슬픈 얼굴의 가장 큰 특징은 눈썹 안쪽이 위로 치켜 올라가는 것이다. 이런 신호가 진짜 슬픔과 가짜 슬픔을 가려내는 한 단서가 된다. 그 이유는 우리가 눈썹 안쪽을 거짓으로 위로 치켜 올릴 수 없기 때문이다. 아주 슬픈 사람의 얼굴에서는 양미간이 좁아져 수직 주름이 생기는데 양쪽 눈썹이 가운데로 몰리면서 위로 올라가기 때문에 이런 주름이 생긴다([그림 5-2]).

입술이 슬픔을 잘 나타내는 두 번째 단서가 된다. 입술은 양 옆으로 팽팽히 당겨지고 아랫입술은 앞으로 튀어나온다. 약한 슬픔에서는 양 입가가 밑으로 쳐지지만 아주 강한 슬픔에서는 입이 벌어지고 아랫입술이 떨린다. 그리고 흔히 시선은 아래로 향하게 된다.

슬픈 표정을 짓는 것은 우리로 하여금 타인으로부터 도움을 받게 만든다. 그래서 슬픔의 정서 또한 생존가치가 있다. 진화심리학자들은 슬픔이 생존가치가 있기 때문에 슬픔의 표현은 선천적이라고 해석한다. 그리고 우리는 타인의 슬픔을 쉽게 알아차리고 공감하는 능력을 가지고 있다. 어떤 사람이 슬프면 그런 기분이 우리에게 전달되어 쉽게 전염傳染된다.

[그림 5-2] 진짜 슬픈 사람의 얼굴은 양미간이 좁고 눈썹 안쪽이 위로 치켜 올라가 있다.

분 노

분노의 얼굴 표정도 기쁨이나 슬픈 얼굴 표정과 마찬가지로 우리가 쉽게 판단한다. 다윈은 분노의 얼굴 표정이 포유동물에게서 유사하게 나타나고 또 우리가 이를 쉽게 간파하는 것은 분노가 우리의 생존전략에 필요하기 때문이라고 설명한다. 즉, 우리는 타인의 분노 표정을 보고 자기가 지금 위험에 처해 있다는 상황을 깨달아야 한다. 마찬가지로 상대방에게 위협을 가할 필요가 있을 때는 우리는 얼굴에 분노를 적절하게 표현해야 한다.

분노의 얼굴 표정의 특징은 째려보는 눈빛이다. 째려보는 눈빛은 눈썹이 아래로 내려가 가운데로 쏠린 표정에서 역역하게 드러난다. 그 다음은 입술이다. 붉은 입술선이 가늘어짐은 물론 입술이 얇아진다. 그래서 본래부터 입술이 도톰하지 않고 얄팍한 사람은 공격적인 사람으로 오인 받는다. 입의 모양은 분노를 참는 사람과 이를 참지 못하는 사람 간에 서로 다르게 나타난다. 분노를 참는 사람은 입을 굳게 다문다. 반면 분노를 참지 못하는 사람은 입을 벌리고 이빨을 드러낸다. 개가 이빨을 드러내어 분노의 표정을 짓는 것을 상상하면 우리는 분노를 참지 못하는 얼굴, 특히 입의

[그림 5-3] 분노한 사람의 얼굴은 눈썹이 가운데로 쏠리고 입술이 얇아진다.

모양이 어떤지를 쉽게 떠올릴 수 있다.

턱을 앞으로 내미는 것도 분노한 사람들이 흔히 짓는 표정이다. 에크만은 권투시합 때 코치들이 선수에게 "턱을 내밀지 말라."라는 주문을 내는 것은 공격적인 선수들이 자기도 모르게 턱을 내미는 행동을 하기 때문에 이를 방지하기 위한 것이다라고 말했다(이민아 역, 2003).

두려움

두려움 역시 생존가치가 있는 정서다. 왜냐하면 우리는 독사나 맹수 앞에서 두려움을 느껴야 생존할 수 있기 때문이다. 그래서 우리는 선천적으로 두려움을 잘 느끼며 더불어 두려움은 얼굴에도 잘 나타나고 있다. 두려움은 우리 얼굴에 어떤 식으로 표현되는가? 두려움은 놀람과 비슷한 정서지만 그 지속 기간과 얼굴 표정이 서로 다르다. 놀람은 짧은 시간 지속되지만 두려움은 짧은 경우도 있지만 비교적 장시간 지속된다. 이 책에서는 놀람은 제외하고 두려움만 살펴보기로 하는데 왜냐하면 두려움은 장기간 지속되기 때문에 우리 얼굴에 각인될 가능성이 높기 때문이다.

놀람은 두려움과 혼동되기 쉽다. 이것을 구분하는 방법은 눈꺼풀과 눈썹이다. 놀람의 경우는 아래 눈꺼풀에 힘이 들어가지 않고 눈썹이 위로 올라가기는 하지만 가운데로 몰리지 않는다. 반면 두려움 표정에는 눈썹이 올라가고 가운데로 몰리며 아래 눈꺼풀에 힘이 들어가 있다([그림 5-4]).

또, 놀람의 경우엔 턱이 뚝 떨어지고 입을 벌리는 경우가 많다. 반면 두려움의 경우는 턱과 입술이 일직선으로 팽팽해진다. 이렇게 우리가 얼굴 표정을 유심히 관찰하면 놀람과 공포를 잘 구분할 수 있다. 그러나 일반인들은 앞서 말한 바와 같이 이 둘을 잘 구분하지 못한다. 그 하나의 이유는 두 정서가 비슷한 성격을 갖고 있기 때문이다. 즉, 우리가 두려운 경우 놀람도 함께 느끼는 경향이 있는데 이 때 놀람은 두려움 감정과 비슷하다. 그러나 놀람과 두려움은 서로 다르다. 놀람은 우리가 기대한 것과 정반대의 상황에 처했을 때나 어떤 신기한 것을 발견했을 때 갖게 되는 감정이다. 이와 달리 두려움은 공포와 같다. 우리가 신변에 위협을 느꼈을 때 두려움을 느낀다.

[그림 5-4] 놀람(왼쪽)은 두려움(오른쪽)의 차이는 눈꺼풀과 눈썹 모양에 있다.

정서의 얼굴 각인

앞 절에서는 여러 정서가 어떻게 얼굴에 표현되는가를 살펴보았다. 우리가 정서를 자주 느끼면 그것이 얼굴에 표현되고 그러다보면 우리의 얼굴이 정서 표현방식 대로 굳어질 것이다. 저자는 앞에서 저자의 친구 얼굴이 신경증에 절은 얼굴이고 따라서 정신과 의사가 이를 간파했다는 사실을 언급한 바 있다. 정신건강학과 의사가 친구의 얼굴에서 신경증의 대표적인 정서, 즉 불안과 우울증을 읽은 것이다. 이렇게 정서가 자주 경험되면 그것이 얼굴에 각인된다. 여기서는 정서가 어떻게 얼굴에 각인되는가 하는 문제를 좀 더 자세히 검토하기로 한다.

적대적인 사람은 늘 얼굴을 찌푸리고 남을 째려보기 때문에 그런 얼굴 표정이 그의 얼굴에 그대로 각인될 수 있다. 반면 성격이 낙천적이고 사교적인 사람은 자주 웃기 때문에 웃는 얼굴 표정이 그의 얼굴에 아로새겨진다. 이것을 증명하는 한 방법은 성격이 적대적인 사람에게 중성적인 표정(무표정)을 지어보라고 주문한 후 그의 얼굴을 사진 찍어보는 것이다. 그러면 그의 얼굴은 화난 표정을 짓고 있기 마련이다. 마찬가지로 불안한 사람에게 아무리 중성적인 얼굴 표정을 지으라고 주문해도 그의 얼굴은 불안한 표정을 간직하기 마련이다. 이렇게 된 이유는 그들이 각자 평소에 어떤 특수한 정서를 나타내는 얼굴근육을 자주 활성화하고 이것이 그대로 그의 얼굴에 각인되었기 때문이다(Zebrowitz, 1998).

우리가 병색이 도는 얼굴을 보고 그 사람이 아프다는 사실을 쉽게 간파하는 것처럼 우리는 오랫동안 앓아 왔던 환자의 얼굴을 보고 그가 오랫동안 고통에 시달려 왔던 사람임을 알아본다. 왜냐하면 오랫동안의 고통이 그대로 그 환자의 얼굴에 각인되었기 때문이다. 얼굴이 밝은 사람이 있는가 하면 얼굴이 어두운 사람이 있다.

저자가 최근 모 회사의 신입사원 면접위원으로 일한 적이 있다. 수십 명의 지원자를 직접 만나 면접을 하는데 한 응시자의 얼굴이 다른 사람에 비해 굉장히 어둡다. 학력을 보니 좋은 대학의 좋은 학과를 나와 그 회사의 적임자였다. 그러나 너무 얼굴이 어두워 성장 환경을 물어보았다. 그 결과 어머니가 자식들을 남겨놓고 가출한 사실이 드러났다. 청소년기에 어머니가 가출했기 때문에 그는 많은 심리적 고통을 겪었을 것이다. 어머니가 자기를 버린 것에 대한 분노는 물론이고 자기무력감, 자책감, 우울 등 여러 가지 불쾌한 정서를 겪을 수밖에 없었을 것이다. 그 결과 그의 얼굴에는 어둠이 짙게 깔리게 되었다.

앞에서 조지 오웰이 "사람이 쉰 살이 되면 자기의 얼굴에 책임을 져야 한다."라는 조언을 했다는 말을 했다. 조지 오웰의 이 말은 우리의 정서가 우리의 얼굴에 각인되므로 각자 자기는 자기 용모에 대해 책임이 있다는 이야기다.

우리의 얼굴은 늙어 갈수록 자기의 정서를 더 잘 반영한다. 그래서 노인의 얼굴을 자세히 뜯어보면 그가 살아온 정서의 역사를 판독할 수 있을 것이다. 인생을 만족하게 살아왔다고 생각하는 사람은 웃는 얼굴을 갖게 되고 인생이 좌절, 실패의 연속이었다고 생각하는 사람의 얼굴은 우울하고 슬픈 얼굴이 될 것이다. 따라서 우리가 이 장에서 언급한 정서의 얼굴 표현과 정서의 얼굴각인방식을 잘 이해하면 우리는 얼굴을 통해서 개인의 현재 또 과거의 정서의 역사를 파악할 수 있을 것이다.

06
거짓말의 얼굴

인 상 심 리 학

한국사회의 가장 큰 문제점 중의 하나는 거짓말이 너무 쉽게 행해지고 쉽게 그것을 또 용서한다는 것이다. 나라의 엘리트층은 물론이거니와 일반인도 폭넓게 거짓말을 한다. 박근혜 정권이 들어서자마자 총리 및 장관 후보자에 대한 인사청문회가 열렸다. 매스컴은 그들의 비리를 미리 다 수집해 놓았고 청문회가 시작되자마자 비리를 추궁하기 시작하였다. 대부분 한결같이 여러 종류의 비리, 예컨대 수뢰, 공금사용, 세금포탈, 아들 군복무 면제 등에 관해 무고하다고 결백을 주장했다. TV 기자들과의 인터뷰 장면에 비친 그들의 얼굴은 하나같이 굳어 있었다. 이들의 얼굴에서 거짓 여부를 판단할 수 있을까? 만일 그렇다면 박근혜 인사팀의 각료 선발 작업은 훨씬 용이해 질 수 있다. 즉, 사전에 이들이 결백한 사람인지를 가려내어 이들을 후보 리스트에서 제외하면 될 것이기 때문이다.

이는 일반인도 마찬가지다. 우리는 여러 사람을 만나야 하고 그들이 성실한 사람인가의 여부를 판단해야 한다. 만일 우리가 정직한 부동산 투자 권유가를 만나 그를 믿고 투자한다면 투자이득을 올릴 수 있다. 그러나 그가 부정직한 부동산 중매인이라면 우리는 재산상의 큰 손실을 볼 수 있다. 나의 친구 중 한 사람은 평화 댐 근처의 토지를 비싼 값에 사들였다. 평화 댐은 북쪽에 있는 댐으로서 북한이 댐의 물을 일시에 방류하면 우리 쪽의 강이 범람할 우려가 있어 국민들이 성금을 모아 남한 쪽의 댐을 높이 쌓아 소위 평화 댐을 건설한 것이다. 그런데 그 친구가 평화 댐 근처의 부동산을 구매하려 했는데 그곳이 서울에서 너무 멀어 직접 가보기가 힘들었다. 그래서 부동산 중개업자를 통해 토지를 구매하기로 결정했다. 어느 부동산 중개업자를 소개 받았는데 그는 얼굴이 온화하고 항상 미소를 띠며 이야기를 했다. 그래서 인상이 좋았고 친구 마음에 들었다. 친구가 결정적으로 그를 신뢰하게 된 동기는 그가 약속시간에는 항상 일분일초도 늦지 않고 정각에 출두한다는 것이다. 그래서 결국 친구는 평화 댐 근처 부동산을 구매했다. 그러나 그 투자는 사기를 당한 것이었다. 쓸모없는 땅을 너무 비싸게 샀고 평화 댐 주변 개발은 더 이상 진척되지 않았다. 이 친구와 마찬가지로 우리는 세상을 살아가노라면 여러 종류의 사람을 만나게 되고 그 사람의 진실성 여부를 판단하지 않으면 안 되는 상황에 부딪힌다. 즉, 우리 모두에게 있어 타인의 거짓을 탐지하는 것이 우리 생활에 아주 중요한 일이 되고 있다.

에크만이란 정서심리학자는 우리의 얼굴 표정에서 거짓말을 탐지해 낼 수 있다고 주장한다. 그렇게 주장하는 근거는 다음과 같다. 거짓말은 대개 수치심과 죄책감을 불러일으킨다. 물론 선의善意의 거짓말을 할 때는 우리가 이런 정서를 느낄 필요가 없다. 예컨대, 말기암 환자에게 거짓말로 "당신이 건강을 회복하고 있다."라고 말하거나 자식이 대학입시에 낙방했을 때 위로하기 위해 "한 번의 실패는 병가지상사兵家之常事"라고 말할 때 우리는 죄책감을 갖지 않는다.

그러나 범법을 한 공직자들이 자기는 결백하다고 주장하거나 바람을 피고 들어온 남편이 아내에게 "포커를 하느라고 밤샘했다."라고 거짓말할 때 우리는 일말의 죄책감을 느낀다. 그런데 죄책감은 정서이므로 정서는 우리의 신체 특히 얼굴표정에 반영되기 마련이다. 이런 논리 하에 에크만은 얼굴에 나타난 표정을 살펴 그가 거짓말하는지의 여부를 판단할 수 있다고 주장하고 이를 간파하는 방법을 제시했다.

거짓말은 얼굴 표정에만 반영되지 않는다. 우리의 신체 여러 곳에 나타나는데, 예컨대 혈압이 올라가고 맥박이 빨라진다. 그래서 경찰을 비롯한 수사기관에서 거짓말 탐지기, 더 구체적으로 말한다면 폴리오 그래프를 사용하여 용의자의 결백 여부를 조사한다. 거짓말 탐지기는 우리가 거짓말할 때 거짓말이 탄로날까봐 두려워하는 공포증이 신체에 나타나는 반응을 검사하는 것이다. 이때 조사하는 여러 가지 신체반응 중 피부전도반응이 있다. 이것은 우리가 무서우면 식은땀을 흘리는 원리를 이용한 것이다. 우리 손끝에 미약한 전류를 흘려 보내면 땀 때문에 전기가 우리 몸에 빠르게 전달된다. 만일 거짓말을 한 용의자가 식은땀을 흘린다면 그의 몸에서는 전류가 더 빠르게 전달된다. 왜냐하면 전류는 물기가 있을 때 더 빨리 전도되기 때문이다. 이런 변화를 살펴보는 것을 피부전도

반응(Galvanic Skin Response: GSR) 분석이라고 한다. 폴리오 그래프에서는 이외에 혈압과 맥박을 동시에 측정한다.

이 장에서는 거짓말을 우리가 어떻게 탐지할 수 있는가의 그 방법을 살펴볼 것이다. 주로 얼굴에 나타난 반응을 언급할 것이나 그 전에 거짓말의 심리학적 특징 몇 가지를 살펴볼 것이다.

거짓말의 심리학적 특징

아이가 거짓말을 하는가의 여부는 쉽게 간파할 수 있다. 어린아이는 자기감정을 잘 통제하지 못하기 때문이다. 그러나 나이가 들수록 우리는 거짓말에 쉽게 면역된다. 하루에 우리가 얼마나 말을 많이 하고 그중 거짓말을 몇 번하는가를 셈해 보아라. 말을 많이 하는 사람일수록 거짓말의 기저율(즉, 전체 말한 것 중 거짓말이 차지하는 비율)은 높아 갈 것이다. 그래서 성인들은 자주 속이고 또 속일 때도 우리가 이를 잘 간파할 수 없다. 반사회적 성격자는 거짓말을 밥 먹듯이 한다. 그런 사람은 거짓말할 때 죄책감을 느끼지 못해 얼굴 표정에 하등 변화가 없다.

거짓말할 때의 얼굴 표정에 남녀 차이가 있다. 여자는 거짓말할 때 얼굴 표정은 잘 감추지만 신체적 반응을 억제하는 능력은 떨어진다. 반대로 남자는 거짓말의 신체적 반응은 잘 억제하지만 얼굴 표정을 감추는 것은 여자보다 뒤떨어진다.

우리는 거짓말을 어떻게 탐지할 수 있는가? 먼저 우리는 화자話者의 감추려는 감정을 간파해야 한다. 이를 간파하기 위해서는 화자가 쓰고 있는 속임 단서, 즉 거짓말하고 있다는 단서를 포착해야 한다. 화자가 거짓말할 때 누출시키는 단서는 언어적 단서와 비언어적 단서가 있다. 언어적 단서는 말을 갑자기 바꾸고 앞뒤가 맞지 않은 이야기를 하고 말의 일관성이 없는 경우다. 비언어적 단서는 얼굴 표정, 음성, 그리고 몸동작 등이 있다. 거짓말 단서가 표정에 짧은 순간 나타나는데 이를 미세표정micro expression이라고 부른다. 에크만과 프리젠은 거짓말의 얼굴 미세표정을 알아볼 수 있는 측정방안을 고안해 냈다(Ekman & Friesen, 1974). 그런데 우리가 거짓말할 때 얼굴 표정을 어느 정도 감출 수 있지만 음성이나 몸동작은 조작하기가 힘들다.

조은경(2002)은 「거짓말의 특징과 탐지」라는 논문을 발표한바 있다. 그녀는 거짓말할 때 나타나는 신체적 변화의 일반적 특징을 다음과 같이 정리했다(〈표 6-1〉).

〈표 6-1〉에는 거짓말할 때 나타나는 여러 가지 신체적 특징이 나타나 있다. 이외에도 거짓말하는 사람의 특징을 열거하면 시선을 회피하고 눈썹과 눈꺼풀이 경직된다. 이것은 말하기 전에 생각할 필요가 있음을 암시하는 단서다. 거짓말이 음성으로 나타나는 것을 방지하기 위해 억양이 갑자기 높아지고 말을 더듬기도 하나 반대로 유창하게 말을 하기도 해 거짓말을 가려내기가 쉽지 않다. 다음에는 구체적으로 거짓말이 어떻게 얼굴에 반영되는가를 살펴보기로 하자.

〈표 6-1〉 거짓말의 일반적 지표들

지 표	구체적 단서들
각성 상태	동공 확장, 말 실수, 음성 고조, 눈 깜박임, 피부전도반응 증가
인지적 복잡성	동공 확장, 말 주춤거림, 문장 고치기, 표현행동 감소, 반응시간 감소
자기 통제력	덜 즉흥적인 행동(계획된 듯이 보임), 현 상태에 대한 관여도가 낮아 보임, 지나치게 유창함, 의사소통 채널들 간의 괴리, 즉각적이지 않은 표정 등
정서적 반응	미소 지속시간, 어뎁터 행동[1] 증가, 부정적 문장 사용 증가
신체적 반응	몸을 움직이기, 자세 바꾸기, 어깨 으쓱하기, 발/다리의 움직임
말	말의 앞뒤가 맞지 않음, 이전에 했던 말을 기억 못함, 말의 길이

1) 어뎁터 행동은 말하는 동안 귀, 코, 머리, 손가락 등을 만지거나 긁거나, 발을 까닥거리는 등 자기도 모르게 신체 부위를 조작하는 행동을 말한다(조은경(2002)에서 발췌함).

얼굴의 거짓 표정

앞서 말한 바와 같이 에크만과 프리젠은 얼굴 표정을 부호화(채점)하는 기준을 마련했다. 그들은 짧은 순간 얼굴에 나타나는 미세 표정을 포착하는 방법을 제시하고 있다. 이 표정은 짧은 순간동안 나타나기 때문에 자세히 관찰하고 연습을 해야만 파악할 수 있다.

거짓말하는 사람의 얼굴 표정을 연구하는 심리학자들은 피험자에게 어떤 경험, 예컨대 신 맛을 맛보게 하거나 끔찍한 수술 장면을 보게 한 후 다른 피험자에게 그것을 거짓('달다거나' '끔찍하지 않은 것')으로 보고하게 하고 그 말을 할 때 거짓말하는 피험자의 표정을 분석하여 얼굴에 나타나는 거짓 단서들을 조사하였다. 거짓 얼굴에 나타난 대표적인 반응을 열거하면 표정이 불균형을 이루고 표정의 타이밍이 맞지 않은 것을 볼 수 있다. 즉, 대화가 진행되는 동안 표정이 균형되지 않고 대화의 흐름 속에 걸맞지 않은 것으로 나타난다. 또 다른 중요한 특징은 좌우 얼굴이 비대칭되는 것이다. 그런데 재미있는 것은 오른손잡이와 왼손잡이의 얼굴비대칭이 각기 다르게 나타난다. 오른손잡이가 표정을 꾸미는 경우는 얼굴왼쪽이 오른쪽 보다 더 강하게 움직인다. 왼손잡이의 경우는 그 반대가 나타난다.

얼굴 표정이 나타나는 시간, 사라지는 시간, 지속되는 시간도 거짓 감정의 단서가 된다. 5초 내지 10초 이상 표정이 지속되는 경우 가짜 표정일 가능성이 높다. 대개의 얼굴 표정은 1초 이내에 나타났다가 사라진다.

거짓말할 때의 얼굴 표정은 가짜 얼굴 표정을 짓는 것이다. 즉, 우리가 슬프거나 화날 때 짓는 얼굴의 진짜 표정을 감추고 이를 반대로 나타내려하는 것이다. 따라서 우리는 여러 가지 정서의 진짜 얼굴 표정과 가짜 얼굴 표정을 구분하면 그 가짜 얼굴 표정을 통해 그가 거짓말하고 있다는 증거를 잡을 수 있다. 아래에 정서별로 이 문제를 살펴보기로 한다.

슬픔, 비애, 죄의식 감정

우리가 슬프거나 죄의식을 느끼면 얼굴에 여러 가지 슬픈 표정을 짓게 된다(이에 관해서는 이 책의 5장을 참조할 것). 그런데 가짜와 진짜 슬픈 표정을 가려내는 방법은 다음과 같다. 진짜 슬픈 얼굴은 이마의 중앙 부분이 약간 찡그린 모양이 되고 눈꺼풀이 삼각형 모양이 된다. 가짜 슬픈 얼굴에서는 눈꺼풀의 삼각형 모양을 모조할 수 있지만 이것이 이마 근육에서는 나타나지 않는다.

두려움, 근심, 불안, 공포

불안이나 공포반응의 얼굴에서는 눈썹이 모두 위로 올라가고 가운데로 몰린다. 그런데 가짜 공포반응을 할 때 눈꺼풀을 위로 올리는 것은 조작이 가능하지만 이것의 위치, 즉 가운데로 모으는 것은 불가능하다. 따라서 눈썹을 치켜뜨지만 눈썹이 가운데로 몰리지 않은 표정은 가짜의 공포반응이다.

화난 얼굴

화난 얼굴의 특징은 째려보는 눈과 눈썹과 눈꺼풀이 인상을 쓰는 것처럼 치켜 올라가는 것이다. 그리고 입술의 붉은 부분의 변화다. 가짜로 이런 식으로 조작할 수 있지만 입술의 붉은 부분이 좁아지는 것을 조작하기는 어렵다.

거짓 미소

진짜 미소는 광대뼈 주변의 볼이 올라가고 눈 아래 피부가 부풀어 오르고 눈가주름과 눈썹이 아래로 내려간다. 그러나 거짓 미소는 표정의 불균형 상태가 심하고 눈 주변의 근육 움직임이 생기지 않는다. 표정이 갑작스럽게 사라지고 단계적으로 분절되며 일부가 오랫동안 잔존한다.

얼굴을 통해 어떤 사람이 거짓말하고 있는가를 판별할 수 있지만 얼굴 표정 자체만 가지고 일반인들이 거짓 여부를 탐지하기란 쉽지가 않다. 왜냐하면 거짓의 표정이 빠르게 얼굴에 나타났다 사라지기 때문이다. 에크만이 말한 바와 같이 연습이 필요하다. 그러나 일반인이 표정과 더불어 화자의 음성, 몸동작, 말의 전후 내용을 유심히 살피면 일반인도 거짓말쟁이를 색출해 낼 수 있다.

07

〈렛미인〉 주인공의 인생

외국 사람들이 한국을 성형의 천국이라고 부른다. 그리고 수많은 여대생들조차 멀쩡한 얼굴을 뜯어고친다고 조롱한다. 성형 수술이 과거에는 쌍꺼풀 수술에 국한하더니 최근에는 코를 높이고 양악 수술, 즉 턱관절까지 깍는 큰 수술까지 발전하였다. 요즘 남편들 사이에서 농담이 오가는데 "진짜 자기 부인의 얼굴은 태어난 딸의 얼굴을 봐야 알 수 있다."라는 것이다. 즉, 요즘 한국 여자들이 너도나도 얼굴을 뜯어고쳐 생 얼굴을 찾아보기가 힘들다는 말이다.

이 장에서는 성형 수술을 받아야 하는가의 문제를 살펴보기로 하자. 단순히 성형 수술을 해야 한다 또는 말아야 한다는 논의로 끝나기보다는 성형 수술을 함으로써 얻게 되는 심리학적 득실을 따져 볼 생각이다. 또 만일 성형 수술을 해야만 한다면 어떤 얼굴을 가진 사람이 성형 수술을 받아야 하는가를 논의하기로 하자. 즉, 최근 케이블 TV 스토리 온Story On에서 방영하는 〈렛미인〉의 방송 내용을 검토하여 〈렛미인〉 주인공의 인생이 바뀔 것인가를 심리학적으로 검토해 보기로 한다.

어떤 사람이 성형 수술을 받아야 하는가

성형 수술하면 연상되는 것이 나의 중학교 친구다. 그 친구는 얼굴에 큰 화상을 입어 불에 타 벗겨진 피부가 그대로 남아있고 얼굴이 많이 일그러져 있었다. 그 친구는 얼굴이 남에게 혐오감을 줄 정도이므로 면접 때 떨어지기 일쑤였다. 그래서 이번에는 시험 보기 전에 교장 선생님에게 편지를 써서 자기 용모에 관해 이야기하고 그것으로 자신을 불합격시킬 것인지에 관해 문의했다고 한다. 그랬더니 다행히 교장 선생님이 그럴 일은 없다고 해서 시험을 치렀고 입학이 허용되었다. 그 친구는 용모 때문에 친구도 없었고 학창시절 내내 혼자서 공부만 했다. 나도 우리 반 애들과 마찬가지로 그 친구 곁에 가기가 좀 껄끄러워 접근하지 않았다. 지금 생각하면 왜 우리가 그에게 그렇게 무정했었던지 후회가 되고 한편 그때 지금과 같이 성형 수술이 발달하였었더라면 그의 얼굴을 어느 정도 복원시킬 수가 있었을 터인데 하는 아쉬움이 남아있다.

위에 적은 나의 친구처럼 남에게 혐오감을 줄 정도의 얼굴을 지닌 사람은 성형 수술을 받아 마땅하다. 예를 하나 더 들어 보자. 케이블 TV 스토리 온에서 방영한 〈렛미인〉 시즌1에는 심한 주걱턱을 가진 여자가 등장한다. 그 여자의 턱은 말 그대로 주걱처럼 생겨 턱이 반은 안으로 굽어졌다가 끝에서는 다시 돌출한 형태였다. 그래서 그녀는 두문불출하고 친구도 별로 없이 은둔생활을 하고 있었다. 그러던 그녀가 렛미인 프로그램에 지원하고 당선되어 성형 수술의 혜택을 받게 되었다. 성형 수술하기 전에 그녀를 보았던 TV 진행자들이 그녀가 수술을 받고 나타나자 모두들 깜짝 놀랐다. 그녀가 성형 전의 모습과 완전히 달라진 미인의 모습으로 나타났기 때문이다. 그녀는 턱만을 수술 받았는데도 아주 매력적인 미인으로 바뀌어 있었다. 진행자들이 그녀를 인터뷰해 본 결과 그녀의 생활태도도 확연히 달라져 있었다. 그녀는 이제 자신의 용모에 자신감을 갖게 되어 수시로 문밖 출입을 하며 친구와 교류하고 있었다. 앞으로 진학 준비도 할 생각이고 졸업 후 직장도 가질 것이라고 자신의 포부를 밝혔다. 그녀의 돌변한 모습과 태도를 보고 저자도 감탄하지 않을 수 없었다. 성형 수술이 한 여자의 용모는 물론이거니와 그녀의 일생을 바꾸어 줄 것이라는 생각이 들었기 때문이다.

이 책의 4장에서 살펴본 바와 같이 미인은 남녀를 불문하고 부모, 친척, 친구, 교사로부터 사랑을 받는다. 그래서 미인은 자신감을 갖고, 타인을 좋아하며 사교적인 성격을 갖게 된다. 사교적이고 외향적인 사람은 친구를 많이 사귀고, 일찍 이성교제를 하며, 직업생활과 결혼생활도 남보다 일찍 시작한다(Zebrowitz, 1998). 따라서 우리는 매력적인 사람이 장점을 갖는다는 것을 알 수 있다. 반대로 앞에 말한 두 주인공, 즉 화상을 입은 나의 친구와 주걱턱의 여자는 주위의 냉대 때문에 자존심을 잃고 인생을 즐기거나 적극적으로 살아가기 힘들다. 그러므로 그들에게 성형 수술은 필요하다. 그리고 그들이 성형 수술을 성공적으로 받게 되면 앞의 〈렛미인〉 주인공처럼 자신의 생을 새롭게 시작할 수 있다. 물론 성형 수술을 받았다고 해서 자신의 성격과 생활태도가 하루아침에 뒤바뀐다고 볼 수 없다. 성격이란 자신의 타고난 선천적 특성이 생활환경, 타인과의 경험을 통해 오래 전에 형성된 것이므로 성격이 쉽게 바뀌지 않는다. 그렇다고 해서 성격이 전혀 불변하는 것도 아니다. 우리의 생활환경 변화, 타인과의 새로운 관계형성, 자신의 포부, 생활설계 등을 통해 어느 정도 성격변화가 가능하다.

저자는 어떤 사람이 용모가 혐오감을 줄 정도였는데 성형 수술을 통해 그 혐오감을 없앴다면 그리고 그로 인해 자신을 사랑하고 적극적으로 사회활동에 참여한다면 그의 성격과 인생이 달라질 수 있다고 믿는다. 그러나 〈렛미인〉의 주인공이 단순히 성형 수술을 받았다고 해서 그의 성격과 인생이 곧바로 달라질 것을 기대할 수는 없다. 그에 따른 자신의 심리적 역량과 태도 변화가 뒤따라야 한다.

성형중독증

성형중독증에 걸린 사람도 있다. 성형을 했는데도 불구하고 고쳐진 자기 얼굴이 마음에 들지 않아 계속 성형 수술을 하는 사람을 '성형중독자'라고 말한다. 성형중독자는 두 종류의 사람으로 나뉜다. 한 종류의 사람은 첫 번째 성형 수술이 잘못되어 계속 성형을 하지 않을 수 없는 사람이다. 두 번째 종류의 사람은 성형 수술이 잘되어 이에 만족하고 다른 얼굴부위나 신체부위를 계속 성형 수술하는 사람이다.

모 TV 방송에 출연한 사람의 이야기를 들어 보자. 그녀는 원래 가수였고 미인에 가까운 얼굴이었다. 그런데 나이가 들자 피부에 윤기를 가미한다고 젤라틴 주사를 흡입하기 시작했다. 그러나 곧 부작용이 생기기 시작했고 그녀는 그 부작용을 없애는 또 다른 성형을 시작했지만 얼굴이 기형으로 바뀌기 시작했다. 막판의 그녀의 얼굴은 코끼리 얼굴처럼 변모했다. 이로 인해 그녀는 우울증에 걸렸고 문밖을 나서지 않게 되었다. 최근 그녀는 용기를 내어 그녀의 얼굴을 복원하기 위한 성형 수술을 받고 재기에 몸부림치고 있다.

저자가 상담한 한 여대생도 양악 수술이 잘못되어 몇 번 다시 수술을 받았다. 그녀는 2000년 초 광대뼈를 성형하는 수술을 받았다. 지금은 광대뼈를 깎는 수술이 유행이지만 그때만 해도 광대뼈를 깎기보다 광대뼈의 반을 갈라 안으로 우그려 집어넣는 수술을 많이 했다. 그런데 첫 번째 수술이 잘못되어 그녀는 네 번이나 다시 수술을 받았지만 수술에 만족하지 못하고 있다. 그녀는 얼굴이 절대 밉상이 아니었다. 모자를 깊숙이 눌러써 얼굴 모양을 자세히 볼 수 없었지만 전체 얼굴 모양으로 봐서는 절대 기형의 얼굴이 아니었다. 여섯 차례에 걸친 그녀와의 상담을 통해 그녀가 열등감을 갖고 있고 부모와도 문제가 있음이 밝혀졌다. 즉, 그녀는 서울 일류

대학의 영문학과를 지망했는데 불행히도 낙방하여 이류 대학에 다니고 있었다. 원했던 대학과 학과를 다니지 못하는 데서 오는 열등감이 그녀의 얼굴에 전가된 것이다. 부모는 엄격하였고 특히 어머니와의 마찰이 심했다. 집에서 좋아하는 사람은 할머니뿐인데 할머니가 고부간의 불화로 분가함에 따라 집에서 대화할 사람이 없었다. 부모와의 관계를 개선시키기 위해 저자는 저자가 저술한 '미안하다고 말하기가 그렇게 어려웠나요.'(이훈구, 2001)를 대여해주고 읽게 했다. 그랬더니 그녀는 자기가 수술하기 전에 이 책을 읽었었더라면 분명히 성형 수술을 받지 않았을 것이라고 고백했다. 그녀가 성형 수술을 받게 된 부수적 원인이 가정불화로 인한 욕구불만이었던 것이다.

성형중독의 대표적인 예는 마이클 잭슨이다. 잘 아는 바와 같이 그는 흑인 가수다. 그런데 마이클 잭슨은 성형 수술을 하되 얼굴의 피부도 변색시켜 백인의 얼굴처럼 가다듬었다. 그는 돈 많은 가수라서 미국에서 가장 실력 있는 성형외과 의사를 골라 수술을 받았다. 그래서 그의 수술은 항상 성공적이었다. 그의 얼굴은 수술할 때마다 달라졌는데 점차 흑인 얼굴 특징이 사라지고 백인 얼굴로 변모했다.

본래의 마이클 잭슨은 미남은 아니지만 그렇다고 해서 얼굴성형을 여러 번 해야 할 정도의 추남은 아니었다. 그러면 왜 그는 성형중독에 빠지고 흑인의 정체성을 살리지 않고 오히려 백인으로 태어나기를 갈망했는가? 그의 어렸을 때부터의 열등감 때문이었다.

그의 열등감은 그의 아버지가 심어준 것이다. 그의 아버지는 마이클 잭슨이 어렸을 때 코가 못생겼다고 조롱하기 일쑤였다. 그래서 마이클 잭슨은 항상 자기 얼굴에 대해 만족하지 못하고 열등의식을 가졌다. 그는 가수로 성공하고 돈을 벌자 그의 열등감을 해소하기 위해 성형 수술을 시작했다. 처음에는 못생긴 코를 수술했고 이에 성공하자 점차 얼굴 전체로 수술을 확대하였다. 그리고 나중에는 얼굴피부색도 바꾸었다.

얼굴성형을 자주하고 이에 중독되는 사람의 대부분은 자기 얼굴에 대해 불만족하는 사람들이다. 그런데 이 불만족이 얼굴 자체보다는 그가 어렸을 때부터 형성해 온 열등감에 그 큰 원인이 있다. 얼굴이 못생긴 사람이라도 자신을 사랑하고 자존심이 있으면 절대 성형 수술 중독자가 되지 않는다. 그러나 그가 어떤 원인으로든 열등감을 갖게 되면 얼굴이 밉상이 아닌데도 얼굴성형에 집착하고 심하면 성형중독에 빠진다.

부모는 어린 아이들에게 자존심 상하는 말을 하지 말아야 한다. 마이클 잭슨의 아버지처럼 아들의 얼굴에 관해 놀려서는 안 된다. 많은 부모들이 장난삼아 자기 자식의 얼굴에 대해 이러쿵저러쿵 흉보는 경우가 많다. 그렇게 하면 자식이 마이클 잭슨처럼 열등감을 갖고 자신감을 잃는다. 그래서 결혼도 하지 않고 아이도 낳지 않고 아버지와 의절하며 얼굴성형 중독자로 발전할 수 있다. 마이클 잭슨은 세계적으로 유명한 가수가 되었음에도 불구하고 열등감이 심해 결혼을 해도 아이를 낳지 않기로 결심했다. 그래서 그는 결혼은 했지만 자기 아이를 낳지 않고 여러 아이를 입양해 키웠다. 얼굴에 대한 열등감은 이렇게 무서운 결과를 초래하는 것이다.

관상 성형

2014년 1월 19일 자 조선일보에 재미있는 기사가 하나 실렸다. 관상 성형이 유행이라는 기사다. 김윤덕 기자와 이재경 인턴기자가 쓴 글(B5 면)로서 이를 간추리면 다음과 같다.

요즘 예뻐지기보다는 면접시험에 합격하기 위해서 성형 수술을 하는 사람이 있다. 박영자(가명 27세)는 눈꺼풀 처진 것을 높이고 쌍꺼풀 수술을 했는데 그 이유는 매번 입사면접에서 낙방하던 차 역술인에게 "눈꺼풀이 처지면 게으르고 나약해 보이며 돈을 모으는 일에 서투르다."라는 말을 들었기 때문이라고 한다.

한상훈(가명, 56)은 퇴직한 후 여러 사업에 실패해 점을 보았다. 그랬더니 '이마는 꺼지고 불에 살이 없어 광대가 도드라진 게 금전 운이 따르지 않는 이유'라는 설명을 듣게 되었다. 그래서 그는 이마를 끌어올리는 리프팅 시술과 주름 제거 수술을 받았다.

관상 성형이 가장 빈번하게 이루어지는 부위는 코인데 "코에 살이 많고 길고 높으면 재복이 넘친다."라는 관상설 때문이다. 그래서 콧대를 높이는 융비술, 매부리코처럼 튀어나온 코를 균형 있게 만드는 축비술이 인기다.

또, 주로 젊은 여자들이 이마에 지방이식수술을 하는데 그 이유는 "이마가 넓고 높으면서 둥그스름하면 총명해 보이고 남을 거느리는 운이 따른다."라고 점쟁이들이 주장하기 때문이다. "귓불이 얇으면 인덕이 없다."라는 관상학 때문에 귓불을 도톰하게 살리는 수술도 성행한다고 전한다.

관상 수술을 받으면 우리의 인생이 달라지는가? 관상학은 비과학적인 학문이다. 외국에서도 한때 관상이 유행했고 골상학도 인기가 있었지만 이제 모두 폐기처분되었다. 그런데 아직 한국에서만 관상학이 유행하고 점과 골상학도 판을 치고 있다. 우리 국민의 과학적인 사고방식이 부족하기 때문이다.

이 책을 처음부터 읽은 독자들은 얼굴 유형과 성격과의 관계를 과학적으로 연구하기가 무척 어렵다는 것을 이해했을 것이다. 앞서 소개한 바 있지만, 캘리포니아 대학의 인간발달연구소에서 출생 후 4년 된 신생아 수백 명을 5년 간격으로 그들이 58세 될 때까지 그들의 얼굴을 사진 찍고 또 학교성적, 성격, 결혼생활, 취업활동 등을 조사했다. 그래서 이 연구를 통해 몇 가지 얼굴 유형, 예컨대 동안과 매력적인 얼굴을 가진 사람들의 성격형성과 여러 가지 학문적 사회적 성취도를 연관시켜 얼굴 모양과 성격 및 성취도 간의 관계를 분석할 수 있었다. 이 연구결과는 어느 정도 우리의 얼굴이 우리의 성격형성에 주는 효과를 시사하기는 하지만 이것도 어디까지나 간접적인 연구결과다. 즉, 용모 그 자체가 아닌 제3의 변인, 예컨대 주위 사람의 태도와 보호(양육)가 용모보다 더 성격이나 성취도에 많은 영향을 주었을 것이라 추측된다. 이렇게 용모가 성격에 주는 영향을 과학적으로 연구하는 것은 무척 어렵다. 그런데 관상학이나 골상학은 간접적인 연구방법도 취하지 않은 골상학자, 관상학자의 주관적이고 근거 없는 주장일 뿐이다. 그래서 관상학이나 골상학의 주장도 점쟁이에 따라 그 내용이 각기 다르다. 취업면접을 앞두고 관상 성형상담을 한 김애주(가명, 26)씨는 "어떤 점집에서는 눈에 복이 많아 성형하면 안 된다고 말하고, 어떤 곳에서는 눈매의 균형이 맞지 않으니 수술하는 것이 좋겠다고 말한다."며 신뢰가 가지 않는다고 불평했다(김윤덕, 이재경, 2013).

추악한 얼굴을 가다듬기 위해 성형을 하는 것은 어느 정도 이해가 가지만 취업을 위해 그리고 성공을 위해 얼굴을 성형 수술하는 것은 무지의 소치가 아닐 수 없다. 왜냐하면 어떤 얼굴 유형이 성공을 보장한다는 근거가 하나도 없기 때문이다. 이런 수술을 받은 사람은 목적도 달성하지 못하고 돈만 낭비하고 더 나아가 생 얼굴을 망쳐놓았다는 자괴감에 남은 생을 한탄하며 보낼 가능성이 높다.

노인들의 성형

요즘 성형 수술은 미혼 남녀에게 국한하지 않는다. 나이든 사람들도 이에 동참한다. 얼마 전만 하더라도 유명 연예인들이 30대를 지나면 젊어 보이려고 성형 수술을 했는데—주로 이마, 뺨, 그리고 입가의 주름살을 펴기 위해 보톡스 주사를 맞는 것이었다—요즈음은 노인들이 보톡스 주사를 맞고 피부 전부를 한 꺼풀 벗겨내는 레이저 수술을 받는다. 보톡스 주사는 한 번 맞는 것으로 끝나지 않는다. 이 주사는 6개월 정도의 간격으로 계속 맞아야만 그 형태를 유지할 수 있다. 그런데 보톡스 주사를 자주 맞으면 나중에는 양 볼이 복어 배처럼 부픈 상태에서 굳어 버리고 가라앉지 않는다. 그래서 오히려 더 볼썽사나운 얼굴이 되기 쉽다.

노인의 얼굴은 곱게 늙도록 그대로 내버려 두는 것이 좋다. 노인의 주름살은 그가 각고의 세월을 위풍당당하게 살아왔다는 자랑스러운 증표가 된다. 수백 년 묵은 노송이 거북의 등처럼 갈라지고 터져도 그 모습이 아름다운 것과 마찬가지다. 그래서 저자는 노인들이 얼굴의 주름살을 펴기 위해 보톡스 주사에 중독되는 것을 마뜩하지 않게 생각한다.

나이가 60세를 넘어서면 노인들의 얼굴에 검버섯이 하나둘 생기기 시작한다. 처음에는 작은 검버섯이 너덧 개 얼굴에 퍼져 잘 눈에 띄지 않는다. 그러나 나이가 70대에 들어서면 검버섯의 크기가 커지고 더 색이 깜해지고 그 수도 기하급수로 늘어난다. 예전에는 70살을 넘긴 사람이 많지 않아 검버섯으로 고민하는 사람이 아주 드물었다. 그러나 지금은 인생 100세 시대다. 그리고 노인들이 예전과 달리 사회 활동을 활발하게 한다. 그래서 검버섯이 활짝 핀 70, 80대 노인들이 주변에 흔하다. 이 검버섯은 자신은 물론 남에게 혐오감을 준다. 집에만 칩거하는 노인은 검버섯을 없앨 필요가 없을 것이다. 그러나 건강하고 활발하게 사회생활을 하는 노인들은 검버섯을 없앨 필요가 있다. 자기 얼굴을 단장하려는 의도라기보다는 남에게 혐오감을 주지 않기 위해서다.

저자도 지금 70대 초반에 들어서다 보니 올해 갑자기 얼굴에 검버섯이 돋기 시작한다. 아직은 그리 흉할 정도는 아니지만 올겨울에는 검버섯을 없애는 레이저 수술을 받을 생각이다. 그런데 한 가지 고민이 있다. 테니스를 1주일에 서너 번 정도 치기 때문에 노상 땡볕에 피부를 노출시키기 마련이다. 레이저 수술을 받은 사람은 오랫동안 햇볕 쬐는 것을 삼가야 한다고 하는데 이를 삼갈 수 있을지 자신이 없다. 오히려 레이저 수술을 받기보다 얼굴을 더 검게 태워 검버섯을 식별하지 못하게 하는 방법이 더 현명하지 않을까? 현재 고민 중이다.

08
얼굴의 이미지

인상심리학

지금까지 논의한 것은 얼굴생김새에 관한 것, 주로 동안과 매력적인 얼굴에 관한 것이었다. 그리고 더불어 동안과 매력적인 얼굴을 가진 사람들의 성격을 살펴보았다.

이 장에서는 얼굴이 주는 이미지에 관해서 살펴보기로 한다. 얼굴의 이미지란 얼굴 전체에 대해 우리가 갖는 인상 또는 느낌을 말한다. 물론 동안이나 매력적인 얼굴 그 자체도 이미지라고 볼 수 있다. 그러나 동안이나 매력적인 얼굴은 그것을 구성하는 얼굴의 각 부분, 예컨대 눈, 코, 입, 턱, 눈썹 등을 구체적으로 지목할 수 있다. 그런데 여기서 말하고자 하는 얼굴의 이미지는 구체적으로 얼굴의 어떤 부분을 지적하는 것이 아니고 얼굴 전체에서 우리가 느끼는 인상을 말한다. 바로 예를 들면 독자들이 이해하기가 더 쉬울 것이다. 우리는 어떤 사람의 얼굴을 보고 '지적이다' '온화하다' '도도하다' '냉정하다' '열정적이다' '귀족적이다' '사기꾼이다' 등등의 느낌을 표현하는 경우가 많다. 미녀의 얼굴을 보고도 단순히 미인이라고 부르기보다 그 미인의 얼굴에 대한 우리의 보다 더 상세한 느낌 또는 인상을 표현하는 경우가 많은데 예컨대, '상큼한 미녀' '요염한 미녀' '발랄한 미녀' '가녀린 미녀' 등이 그것이다.

이 장에서는 얼굴의 이미지에 관해 살펴보고자 하는바, 첫째, 일반인들 사이에서 자주 표현되는 일반인의 얼굴의 이미지에는 어떤 종류가 있는가를 살펴볼 것이다. 둘째, 미인의 얼굴 이미지에 관해서 살펴볼 것인데 미인의 얼굴에 대해 우리가 갖는 이미지 느낌이 있을 것이다. 구체적으로 이 이미지에는 어떤 것이 있는가를 살펴볼 것이다.

지금까지 앞에서 저자가 논의한 얼굴에 관한 연구는 심리학자들이 이미 연구한 내용을 토대로 한 것이다. 그런데 이 장에서 언급하는 얼굴의 이미지에 관해서는 아직 학자들이 연구한 바가 없다. 그래서 독자들은 저자가 이 장에서 논의한 내용을 과학적 사실로 받아들여서는 안 된다. 다만 저자의 개인적인 추론에 불과하며 추후에 심리학적 연구가설로 설정되어 연구가 수행되기를 바랄 뿐이다.

얼굴 이미지의 유형

우리가 어떤 사람의 얼굴을 보고 느끼는 이미지 수는 굉장히 많을 것이다. 그 이유는 사람의 얼굴이 저마다 다르고 또 우리가 갖는 인상이 서로 다르기 때문이다. 일반인들이 얼굴을 보고 흔히 표현하는 얼굴 이미지에는 어떤 것이 있는가를 조사하려면 일반인들의 대화내용을 위시해서 예술과 문학에 기술된 것, 그리고 매스컴에 묘사한 내용을 모두 섭렵해야 한다. 그런데 이런 작업은 많은 노력과 시간을 필요로 한다. 따라서 여기서는 저자가 지금까지 살아오면서 한국사회에서 잘 회자되는 내용, 그것도 저자가 기억할 수 있는 유형만을 언급할 수밖에 없다. 독자들이 간략하게 이해할 수 있도록 얼굴 이미지의 유형을 몇 가지로 나누어 살펴보기로 한다.

온화한 대 차가운

우리가 자주 언급하는 얼굴 이미지 중의 하나가 온화한 대 차가운 이미지일 것이다. 온화한 얼굴은 웃고 있는 할아버지의 얼굴에서 우리가 쉽게 찾아 볼 수 있다. 할아버지(또는 할머니)의 눈에는 손자들이 귀엽게만 보인다. 손자를 귀엽게 보려는 태도 때문에 그의 얼굴에는 항상 자애로운 웃음이 떠돈다. 많은 노인의 얼굴은 여유를 띠고 있는데 모든 풍상을 이겨내고 세상을 달관했기 때문이다. 이렇게 노인이 잘 생겼던 못생겼던 그의 얼굴에는 여유와 자애로움이 깃들기 쉬운데 바로 그런 용모가 바로 온화한 얼굴이다.

이와 대조적인 얼굴은 차가운 인상이다. 차가운 인상은 냉기가 도는 얼굴을 말한다. 날카로운 눈매 그리고 남을 째려보는 듯한 눈이 차가운 인상을 만들어 준다. 차가운 얼굴은 턱이 각지고 볼의 살도 없어 볼우물이 지어져 있기 쉽다. 저자의 친구 중 한 사람은 젊었을 때 점퍼를 입고 나가면 주위 사람들이 그를 형사로 착각하는 경우가 많았다. 그의 용모를 보면 눈이 째진 편이었고 눈매가 날카로웠으며 턱이 각진 모양이었다. 마음씨는 착하고 성격도 서글서글한 편이어 절대로 모나거나 난폭한 친구가 아니었다. 그러나 그의 인상은 날카롭고 차가운 인상이라는 것이 그를 아는 대부분의 사람들의 공통적인 평가였다. 내 친구처럼 실은 마음이 따뜻한데 그의 용모 때문에 불이익을 당하는 경우가 있다. 그래서 우리는 자기 얼굴이 어떤 이미지를 풍기는가를 잘 알아야 한다.

지성적 대 비 지성적

사람의 얼굴을 보면 그가 얼마나 학식이 있는 사람인가를 알 것 같은 기분이 든다. 다시 말하면 공부를 많이 하고 지식이 많은 사람과 그렇지 않은 사람의 얼굴을 구분할 수 있을 것 같다. 우리는 많은 대학교수가 텔레비전에 출연하는 경우를 본다. 그런데 어떤 사람은 정말 교수다운 풍모인데 비해 어떤 사람은 전혀 교수 같지가 않다. 내가 아는 어떤 교수 중 교수의 이미지와 전혀 어울리지 않은 사람이 둘 있었다. 이 두 사람이 저녁을 먹으러 어느 식당에 들어갔는데 종업원의 대접이 영 시원치가 않았다. 그래서 화가 나 그들은 "우리가 근처에 있는 대학교수인데……."라고 자신을 소개했더니 종업원들이 뒤로 돌아서서 작은 소리로 "교수 좋아하네! 그러면 나는 총장이다."라고 비꼬았다고 한다. 그 두 친구에게 저자가 직접 들은 이야기다. 이렇게 식당 종업원조차도 그들이 머릿속에 그리는 교수의 얼굴 상, 즉 이미지가 들어 있다.

지성적인 사람의 용모는 어떤가? 얼굴에 살이 찌지 않고 마르고 가냘파야 한다. 지성인은 생각을 많이 하고 고뇌하는 모습이 얼굴에서 연상되어야 한다. 그러려면 그의 얼굴색은 창백하고 볼에 살도 없어야 한다. 그러나 눈은 초롱초롱하고 형형해야 한다.

공부를 많이 한 사람 가운데는 눈이 나쁘고 그래서 안경을 쓰는 사람이 많다. 우리나라 영화배우들 중에서 지적인 주인공의 역할을 하는 경우 안경을 쓰고 촬영하는 경우가 많은데 그 이유는 안경이 지성미를 풍겨 주기 때문이다. 그러나 안경이 얼굴에 잘 맞아야 한다. 안경은 우선 코가 높아야 잘 어울린다. 그리고 안경자체보다도 배우들의 얼굴 자체가 지성미가 있어야 한다. 전혀 지적인 용모가 아닌데 안경을 쓴다고 해서 그 배우가 지적으로 보이지는 않는다. 더 우스꽝스러운 모습이 될 뿐이다.

세련된 대 촌스러운

우리는 흔히 사람들의 태도, 행동, 언어 등에서 세련미 혹은 촌스러움을 발견한다. 교양 있고 타인에 대해 신사적이고 자신과 타인을 잘 경청monitoring하는 사람을 보고 우리는 흔히 세련되었다 또는 교양이 있다고 말한다. 그런데 재미있는 것은 우리의 얼굴 자체에서도 세련미와 촌스러움의 이미지를 간파할 수 있다는 사실이다.

촌스러운 사람의 얼굴이나 표정은 어떤가? 지금은 시골 사람이라고 해도 문명의 혜택을 다 받고 있고 또 TV를 통해 세상 물정을 잘 알고 있기 때문에 순수한 촌사람은 없다. 그러나 지금으로부터 50년 전만 하더라도 서울의 세종로 한복판에 가면 시골에서 갓 올라온 촌부를 만날 수 있었다. 그들은 수없이 오가는 차량의 물결 속에 정신이 하나도 없고 또 차들이 내는 경적소리에 혼이 나간다. 그래서 교차로를 건널 때면 허둥지둥한다. 우리가 그런 사람의 얼굴을 보면 그가 촌에서 갓 올라온 사람임을 알 수 있다. 촌사람의 특징은 얼굴에 잘 나타나 있는바 놀라움과 두려움이 겹쳐진 눈과 반쯤 벌어진 입이 그들의 대표적인 얼굴모습이다.

반면 대도시 사람, 특히 서울 사람들의 얼굴은 시골사람의 얼굴과는 전혀 다르다. 그들의 얼굴은 항시 긴장되어 있고 사방을 경계하며 남의 눈치를 잘 살핀다. 과거 시골사람들은 서울사람을 '서울네기' '다마네기'라는 별명을 붙였다. 다마네기는 일본말로 양파다. 양파는 반들반들하고 아무리 까 보아도 속이 잘 들어나지 않는다. 시골사람들이 서울사람들의 뺀질뺀질한, 좋게 말하면 세련된 모습을 양파로 빙자한 것이다.

편안한 대 불안한

우리는 윗사람 또는 전혀 초면의 사람을 만나면 긴장하게 된다. 그런데 윗사람 또는 초면의 사람 중에 어떤 사람은 얼굴이 편안하여 우리로 하여금 마음을 놓이게 만든다. 물론 이 사람을 우리가 편안하게 느끼는 원인은 주로 그의 말씨와 태도 때문인 경우가 많지만 그 사람의 얼굴 표정 자체가 우리에게 안도감을 주는 경우가 많기 때문이다. 반대로 우리는 불안한 사람을 잘 알아본다. 불안한 사람의 얼굴 표정에 관해서는 이 책의 5장에서 자세히 언급한 바 있다. 불안한 사람은 눈썹을 치켜뜨고 눈썹이 가운데로 몰리고 아래 눈꺼풀에 힘이 들어가 있다. 또 불안한 사람은 눈을 자주 깜빡깜빡하는 소위 틱tic 습관을 갖기 쉽다.

불안하고 긴장한 사람의 얼굴 특징은 얼굴 전체가 굳게 굳어있다는 점이다. 저자는 가끔 기업체의 사원선발 면접에 참여한다. 입사면접은 당사자에게 중차대한 문제이므로 대부분 피면접자의 얼굴이 굳어있다. 심한 사람의 경우는 볼과 입술이 파르르 떨리는 경우가 있다. 불안한 얼굴 자체가 면접당락에 영향을 주지는 않는다. 그래서 노련한 면접관은 불안한 피면접자의 마음을 안정시켜 주기 위해 "오늘 면접장소에 오는데 어떤 불편은 없었는가?" 하고 사적인 문제부터 시작한다. 그러나 피면접자가 불안한 얼굴을 갖는 것은 그리 바람직하지 않다. 만일 피면접자가 할 임무가 공항의 항공관제, 외과의사 일, 기타 대량 여객 운수 업무에 관한 것이라면 불안한 피면접자의 면접평가는 좋게 나올 수 없다. 따라서 수험생들은 자기의 정서를 잘 관리하는 방법을 터득할 필요가 있다.

신뢰 대 사기

앞서 잠깐 언급했지만 우리는 사람의 첫인상을 보고 그 사람의 진실성 또는 신뢰성 여부를 판단해야 할 때가 많다. 맞선볼 때, 사원을 선발할 때, 정치인을 뽑을 때는 물론이고 사업상 여러 사람을 만날 때 이와 같은 결정을 해야 한다. 그러면 우리가 사람의 얼굴 표정을 보고 그 사람의 신뢰성 또는 성실성 여부를 판가름할 수 있는가?

케네디 대통령이 닉슨 대통령과 대선 선거를 치룰 때 막판까지 닉슨이 우세했다. 그 원인은 닉슨은 이미 부통령의 경력을 가졌고 오랫동안의 정치 경력을 쌓은 노련한 정치가인 반면 케네디는 상원의원 경력이 전부였기 때문이다. 케네디 선거 단은 막판을 뒤집기 위해 닉슨에게 TV 토론을 제안했다. 닉슨 측은 처음에는 이를 반대했다. 그 이유는 토론을 하던 안 하던 대세는 자기 쪽으로 이미 기울었다고 판단했기 때문이다. 그러나 중간에 마음을 바꾸어 이를 수락했다. 그 이유는 닉슨은 변호사 출신이기에 말을 잘하고 토론도 잘 이끌어 나갈 것이라 낙관했기 때문이다. 그러나 TV 토론이 끝나고 나서 청취자들을 대상으로 토론을 누가 잘 했는가를 조사했더니 의외로 케네디가 이긴 것으로 나타났다. 나중에 그렇게 된 원인을 자세히 분석한 결과는 토론 그 자체보다 두 후보자가 TV 화면에 비친 영상이 너무 차이가 났기 때문이다. 닉슨은 얼굴이 크고 길며 코도 크다. 그의 눈은 움푹 들어가 있고 볼도 쳐져 노인네의 지친 얼굴 모습이었다. 그에 반해 케네디는 얼굴이 작고 동안이고 아주 매력적이었다. 이에 더해 닉슨은 토론 도중 눈동자를 좌우로 돌리는 이상한 습관을 보였다. 그런데 미국사람들은 대화할 때 눈동자를 좌우로 돌리는 사람은 신뢰성이 없는 사람으로 보는 고정관념이 있었다. 나중의 이야기지만 이런 고정관념은 실제로 일치하는 결과를 가져왔다. 닉슨이 대통령이 된 후 워터게이트 사건이 벌어지고 그가 이 사건에 관해 허위증언을 수차례 해 결국 미국 역사상 처음으로 대통령이 탄핵을 받고 사임하는 결과가 생겨났다. 미국인의 신뢰성과 관련된 고정관념이 들어맞은 일화다.

닉슨과 케네디의 TV 토론 이후 정치가들이 TV에 출연하는 경우 얼굴에 메이크업을 하는 유행이 생겨났다. 토론도 중요하지만 TV 화면에 비추는 얼굴 상이 시청자에게 어떤 이미지로 전달되는가가 아주 중요하다는 교훈을 얻었기 때문이다.

어린이는 거짓말하는 기술이 부족하다. 그래서 거짓말할 때 그 증거가 얼굴에 그대로 반영되기 쉽다. 즉, 어린이가 거짓말을 할 때 그의 얼굴은 붉어져 있고 시선을 아래로 깔며 엄마와 시선을 맞추려 하지 않는다. 그러나 노련한 거짓말쟁이는 얼굴에 거짓의 증거를 남기지 않는다. 소위 포커페이스를 얼굴에 지을 수 있다. 포커페이스란 포커를 할 때 패가 잘 들어오든 잘 안 들어오든 자기 얼굴을 무표정하게 간직한 얼굴을 말한다. 그래야 상대방이 눈치채지 못한다. 그런데 우리 대부분은 포커페이스를 짓기가 쉽지 않다. 카드 석 장을 받았는데 모두가 에이스[A]라면 우리 얼굴에는 기쁨의 표정이 자기도 모르게 배어 나온다. 이는 패가 엉망인 경우에도 마찬가지어서 실망과 좌절의 표정을 숨길 수 없다. 만일 포커페이스를 만들고 싶다면 거울 앞에 서서 자기의 무표정한 얼굴 표정을 잘 연습할 필요가 있다.

신뢰성 또는 정직성을 얼굴을 통해 간파하는 것이 전혀 불가능하지는 않지만 그것이 결코 쉬운 일도 아니다. 그럼에도 불구하고 우리는 첫인상을 통해 상대방의 신뢰성 여부를 판단해야 할 때가 많으므로 이에 관해 신경을 써야 한다. 얼굴 표정만 관찰하지 말고 그의 목소리, 자세, 대화내용을 함께 수집해 판단한다면 의외의 성과를 올릴 수 있다. 특히 대화내용을 자세히 분석할 필요가 있는데 이에 관해서는 이 책의 6장에 이미 언급한 바 있다.

밝은 대 어두운

남의 얼굴 표정을 잘 읽지 못하는 사람일지라도 쉽게 느낄 수 있는 두 가지 얼굴 이미지는 밝은 얼굴과 어두운 얼굴이다. 밝고 어두운 얼굴 모양은 얼굴색과는 관계가 없다. 얼굴 전체에서 풍겨나는 느낌이 밝은가의 여부를 따지기 때문이다. 우리가 밝은 얼굴과 어두운 얼굴을 쉽게 간파하는 이유는 밝은 또는 어두운 얼굴에서 나타나는 정서를 우리가 쉽게 느끼고 이것이 우리에게 전염되기 때문이다. 앞에서 언급한 바 있지만 어두운 얼굴의 사람, 그래서 슬픈 사람 곁에 가면 우리 자신도 슬픈 느낌을 지니게 된다. 기쁨도 마찬가지다. 즐거운 그래서 얼굴이 밝은 사람의 즐거움은 우리에게 쉽게 전염되어 그 곁에 가면 자기도 모르게 우리의 기분이 상쾌해진다.

전형적인 밝은 얼굴은 유아의 얼굴이다. 유아의 얼굴은 티 없이 맑고 눈은 천사처럼 초롱초롱하며 잘 웃는다. 이는 아동도 마찬가지다. 아동의 대부분은 잘 생겼던 못생겼던 모두 얼굴이 밝아 아동을 만나면 우리의 기분이 상쾌해진다. 나는 대학생들의 얼굴에서도 해맑은 얼굴을 많이 찾아 볼 수 있다. 캠퍼스를 거닐며 마주 치는 학생들의 얼굴을 보면 대개가 해맑다. 근심과 걱정이 없고 벅찬 청운의 꿈 때문에 그들의 얼굴에는 생기가 돌고 밝게 빛나는 태양처럼 해맑다.

나는 1997년 우리나라에 불어 닥친 외환위기 때 수많은 근로자들이 하룻밤 사이에 직장을 잃고 가정이 파탄 나 길거리를 해매는 것을 목격했다. 명동성당에 가설한 밥집에서 봉사를 하면서 생기 없고 의욕을 잃은 수많은 실업자를 보았다. 그들의 얼굴은 내가 캠퍼스에서 만난 대학생들의 얼굴과는 전혀 달랐다. 낙담하고 분노하고 불안한 정서가 그들의 얼굴에 짙게 내려앉아 그들의 얼굴은 한결같이 어둡고 쓸쓸했다.

사람을 평가할 때 위에서 말한 여러 가지 얼굴 모습이 다 중요하지만 저자가 생각하기에는 얼굴 표정이 밝은가의 여부가 가장 중요한 판단기준이 된다고 본다. 얼굴이 밝으면 그의 성격이 원만하고 세상을 밝게 내다보고 스트레스가 많지 않다는 것을 의미한다. 설사 스트레스나 걱정이 있다고 해도 그가 이를 능히 해결할 수 있다는 자신감이 있는 사람이다. 반면 얼굴이 어두운 사람은 과거 어려운 일을 많이 겪었고 현재도 걱정이 많고 불안하며 미래를 개척

할 수 있다는 자신감이 없는 사람이다. 따라서 우리가 애인이나 배우자를 선정할 때 무엇보다도 그의 얼굴이 밝은지의 여부를 잘 파악할 필요가 있다.

미인의 유형

우리는 이 책의 4장에서 미인의 여러 가지 기준에 관해서 논의했다. 주로 황금비율, 평균성과 같은 일반론적인 것을 이야기했는데 여기서는 좀 더 실제적인 또는 실감이 있는 미인 이야기를 하고자 한다. 더불어 저자가 생각하는 미인의 구분에 관해서 토의하고자 한다.

지적 미 대 백치 미

우리는 지적인 미와 백치의 미를 이야기하는 경우가 많다. 지적인 미인의 대표적인 예는 그레이스 켈리와 재클린 케네디다. 그레이스 켈리는 유복한 가정에서 태어나 예술 아카데미에 재학했다. 그리고 영화계에 등단해 지적인 배우로 각광을 받았다. 그리고 모나코 왕비가 되어 그녀의 귀족적인 용모가 현실화되었다.

재클린 케네디는 뉴욕 근교의 부유한 가정에서 태어났으며, 바사 대학교와 조지 워싱턴 대학교에서 수학했다. 기자 생활을 하던 때부터 미인 여기자로 소문났으며 존 F. 케네디를 인터뷰하면서 그와 사귀게 되었다. 그녀 역시 지적인 미녀로 각광을 받았으며 대통령 부인이 되고 나서 전 미국인의 사랑을 받았다. 재클린 케네디는 유명한 대학교 출신답게 지적인 용모의 소유자였다.

백치의 미녀로서는 미국의 마릴린 먼로를 꼽는다. 마릴린 먼로의 생애는 불행했다. 그녀의 아버지는 가정을 버렸고 어머니는 우울증 환자였다. 그녀는 양부모 가정에서 자라났으며 경제적으로 무척 궁핍했다. 그녀는 유명배우가 되어 많은 돈을 벌었지만 냉장고가 비면 불안해 항상 냉장고를 음식물로 가득 채웠고 그래야 안심했다.

그녀는 〈신사는 금발을 좋아해〉라는 영화로 데뷔해 명성을 날렸는데 이 영화를 통해 '백치 미인'으로 유명해졌다. 그녀의 얼굴이 앞에 예로 든 지성미의 두 대표 그레이스 켈리와 재클린 케네디와 어떻게 다른지 사진을 한번 찾아보기 바란다.

관능미 대 가련미

관능미란 성적 욕망을 불러일으키는 아름다움이다. 그래서 관능미는 얼굴뿐만 아니라 몸 전체가 우리의 관능을 자극하는 모습이다. 그래도 그중 중요한 것은 역시 얼굴이다. 서양 여배우로서 전 세계인으로부터 관능미의 대표 주자로 일컫는 배우는 〈원초적 본능〉이란 영화에 출연한 샤론 스톤Sharon Stone이다. 지금으로부터

20년 전 영화인이므로 젊은 세대들은 잘 모를 수 있다. 그녀가 영화에서 자기를 취조하는 형사를 유혹하는 장면, 즉 다리를 꼬는 장면은 영화사적으로 관능미를 최고로 잘 표현한 것으로 평가되고 있다.

관능미는 서양에서는 팜므 파탈이라고 부르고 관상학에서는 도화상이라고 일컫는다. 관능미의 얼굴 특징은 얼굴 전체가 홍조이고 눈동자와 머리색이 밝으며 눈가가 항상 촉촉하다. 눈꼬리 끝이 올라가고 속눈썹이 길며 눈썹은 아치형이다. 입술이 붉으며 아래 입술이 도톰하다.

우리나라 여배우 중 관능미로 꼽히는 사람은 도금봉이다. 그녀는 육체파 배우이면서 남자의 관능을 사로잡는 여배우로 알려져 있다. 그녀가 연기한 영화 〈황진이〉에서도 남자를 유혹하고 현혹하는데 숙달한 연기를 펼쳤다. 최근의 우리나라 관능미 배우로는 고소영을 뽑을 수 있다. 고소영은 늘씬한 육체에 코에 큰 점이 하나있어 매력 포인트를 첨가하고 있다.

관능미와 대조되는 미는 가련미일 것이다. 가련미는 육체파 배우와는 달리 남자로 하여금 보호본능을 유발하게 하는 가냘픈 육체를 가진 미인이다. 미국의 경우는 영화 〈로마의 휴일〉에 나오는 배우 오드리 햅번이 대표적인 가녀린 미인이다. 한국의 경우는 드라마 〈겨울연가〉의 주인공인 최지우를 꼽을 수 있다.

사람에 따라 어떤 사람은 관능미를 좋아하고 어떤 사람은 가련미를 좋아한다. 관능미는 시대를 불문하고 사랑을 받아온 미인데 반해 가련미는 비교적 최근에 인기가 있다. 즉, 사람에 따라 좋아하는 미인의 유형이 달라지지만 이는 시대에 따라 달라지기도 한다.

성숙미 대 청순미

성숙미는 관능미와는 좀 다르다. 배우 김혜수를 성숙미인으로 꼽을 수 있다. 그녀는 운동을 해 잘 발달된 육체를 지니고 있으며 얼굴도 성숙한 성인의 얼굴이다. 성숙미에 대비되는 미는 청순미다. 청순한 미인은 상큼하고 발랄한 느낌을 우리에게 준다. 마치 풋 사과처럼 싱그러움이 온 몸에서 배어나고 있다. 청순 미인에 해당하는 배우로는 김태희, 송혜교를 꼽을 수 있다.

이렇게 미녀에게도 여러 가지 유형이 있다. 이것은 미녀에 대한 취향이 사람마다 다른데 기인한다. 이는 다르게 표현하면 미인이 사람마다 주는 이미지가 다름을 시사한다. 여기서 남자배우에 대한 이미지는 생략하지만 남우에 대해서도 우리는 서로 다른 이미지, 또는 취향을 갖고 있다. 그리고 이런 취향은 시대에 따라 변한다. 과거에는 마초같은 배우를 좋아했지만 최근에는 동안의 그리고 더욱 부드러운 배우를 선호한다.

09
인상 관리 방법

인 상 심 리 학

지금까지 이 책에서는 얼굴의 유형, 동안, 매력적인 얼굴 그리고 이런 얼굴을 지닌 사람들의 성격에 관해서 논했다. 그리고 우리가 타인에 대해 갖는 인상 또는 이미지와 미인의 유형에 관해서 토의했다. 이제 마지막으로 다룰 내용은 우리의 인상을 어떻게 관리할 것인가 하는 것이다.

우리의 얼굴 모양은 타고난 것이고 성형 수술을 하지 않는 한 변하지 않는다. 물론 나이가 듦에 따라 얼굴이 성숙해지고 늙어서는 노화하지만 그래도 얼굴의 기본 골격과 모양은 변하지 않는다. 그래서 남에게 주는 우리의 인상을 바꾸기가 어려운 것처럼 보인다. 그러나 인상이란 첫인상을 제외하고는 점차 바뀐다. 우리가 친구를 오래 사귄 후 처음에 친구에게 가졌던 잘못된 첫인상을 회상하면서 파안대소하는 경우가 많다. 예컨대, 어떤 친구를 처음에는 까다롭고, 이기적이고, 냉소적인 사람으로 보았는데 사귀고 나서보니 소탈하고 배려하며 낙관적인 사람임을 알게 된다. 그 친구에 대한 첫인상은 주로 그의 얼굴에서 풍기는 이미지를 위주로 형성한 것이고 그 친구의 진정한 성격을 알게 된 것은 그의 빈번한 행동을 통해 확인한 내용이다. 그리고 첫인상보다는 그의 행동을 통해 파악한 성격이 친구의 진짜 모습인 것이다.

지금까지 이 책에서 말한 인상은 주로 첫인상이다. 그러나 첫인상은 우리가 상대방과 깊은 교우관계를 맺으면서 점차 교정된다. 그래서 우리는 첫인상이 어떻게 바뀌어 가는지 그리고 그 인상변화에 영향을 주는 요인이 무엇인가를 잘 살펴 볼 필요가 있다.

첫인상은 어떻게 바뀌어 가는가

우리의 첫인상은 주로 상대방의 얼굴 모양에 따라 달라진다. 어떤 사람을 만났을 때 그에 대해 우리가 제일 흔히 갖게 되는 첫인상은 '잘생겼는지 또는 못생겼는지'에 관한 것이다. 즉, 우리는 얼굴의 매력성에 제일 관심이 많다. 그다음에는 그의 성격을 유심히 살펴볼 것이다. 그런데 우리는 무엇을 토대로 그의 성격을 판단하는가? 그에게 성격검사를 치르게 할 수도 또는 그의 성격이 어떠냐고 물어볼 수는 없다. 다만 그의 행동을 관찰할 뿐이다.

만일 새로 사귄 친구가 사소한 일에, 예컨대 식당에서 종업원이 물컵을 나르다 그에게 물을 엎지른 경우 벌컥 화를 낸다면 우리는 일단 그 친구가 '성격이 불같다'고 생각한다. 즉, 우리는 그의 행동을 통해 그의 성격을 추론한다. 이것을 심리학에서는 '행동의 성격 귀인'이라고 부른다. 다시 말하면 우리가 친구의 행동을 보고 그의 성격을 귀인한다는 것이다. 그러나 좀 더 현명한 사람이라면 친구의 단 한 번의 행동을 보고 그의 성격을 단언하지는 않는다.

왜냐하면 그 친구가 그럴만한 이유가 따로 있을 수도 있기 때문이다. 만일 친구가 아침에 아버지로부터 꾸중을 들었다면 그는 하루 종일 기분이 나쁘고 그 때문에 평소에는 그냥 지나쳐버릴 사소한 일에 화를 낼 수가 있다. 이럴 때는 친구가 성깔이 있다고 보지 않는다. 즉, 우리의 행동 중 어떤 것은 자신의 내부, 즉 자신의 성격 때문에 그렇게 행동한 것이다(성격의 내부 귀인). 그러나 또 우리의 어떤 행동은 자신의 성격이 아닌 외부의 영향(위의 경우 아버지와의 싸움) 때문이다. 심리학에서는 이것을 성격의 외부 귀인이라고 말한다. 현명한 사람은 어떤 사람의 성격을 판단할 때 단순히 내부 귀인하지 않고 외부에 영향력을 감안하는 외부 귀인도 한다. 어떤 사람의 성격을 자세히 그리고 객관적으로 판단하는 방법은 그 사람의 성격을 내부 귀인하기 전에 친구 행동에 외부 귀인할 여지가 없는지를 동시에 살피는 것이다.

우리의 첫인상은 우리가 타인에게 보여 주는 실제의 행동을 통해 끊임없이 바뀐다. 이와 관련해 지금은 작고했지만 경기도 파주에서 독바위 교회를 창건한 내 친구 K가 생각난다. 고등학교 입학한 첫날 나는 그와 첫인사를 나누었다. 입학식이 끝나자 그는 갑자기 자기 집에 놀러가자는 제안을 했다. “집이 어딘가?” 하고 물었더니 다행히 우리 집에서 멀지 않아 방문하기로 했다. 이날 K와의 교류를 통해 나는 그를 상당히 활달하고 적극적인 성격의 소유자라고 생각했다. 왜냐하면 우리가 친구를 자기 집에 초대할 때는 어느 정도 사귀고 나서 그가 나의 친구가 될 수 있다는 확신이 든 후에 결정하는 것이 보통이기 때문이다. 그런데 K는 나와 처음 만난 자리에서 나를 자기 집에 초대한 것이다. 그러나 K와 고등학교 3학년을 함께 지내고 난 후 내가 판단한 그의 성격은 오히려 내성적이었다. 그는 몸집이 커서 성격도 담대할 것이라는 인상을 주는데 사실은 그렇지 않았다. 어느 날 우리 반 옆방에서 화학실험을 하다 화학물질을 잘못 다루어 커다란 폭발음이 들렸다. 모두들 깜짝 놀라 웬일인가 사방을 두리번거렸다. 그런데 나의 앞줄에 앉아 있던 K가 보이지 않았다. 나는 그가 어디 갔는지 무척 궁금했다. 조금 있더니 그가 책가방을 들고 뒷문을 통해 반으로 들어왔다. 그는 폭발소리를 듣는 즉시 책가방을 둘러매고 교실 밖으로 뛰쳐나갔던 것이다. 머쓱해 하며 돌아오던 그의 얼굴을 보고 우리 반 모든 학생들이 박장대소했다. 겉으로 보기에는 담력이 세고 용감해 보이는 그가 이렇게 겉모습과 다른 행동을 해 우리는 그를 다시 보게 되었다.

그러던 그는 대학졸업 후 또 한 번 우리를 놀라게 했다. 서울의 명문대 역사학과를 졸업한 그가 버스에서 "주 예수를 믿으라."면서 포교를 한다는 소식이 들렸다. 그러더니 몇 년 후 서울의 유명 일간지에 '독바위' 교회에 대한 자세한 소식이 실렸다. 파주 독바위 교회에 개척교회 목사로 부임한 사람이 바로 K였다. 그는 역사학자에서 갑자기 신학자로 바뀌어 목사가 되었는데 파주의 가난한 농꾼들을 격려해 가며 자립농을 키우기 위해 헌신한다는 소식이었다. 나는 그가 대학에서 역사학를 가르치는 교수나 회사의 중견간

부가 될 것이라고 짐작했지만 그의 인생진로는 나의 기대와 전혀 딴판이었다. 이렇게 우리의 친구에 대한 첫인상, 성격, 직업에 대한 예단豫斷은 틀리기 십상이다. 그리고 우리가 잘 안다고 생각했던 죽마지우도 사실 우리가 그의 진면모를 잘못 판단하고 있는 경우가 많다.

정리한다면 우리는 첫인상은 물론이거니와 오랫동안 같이 교류해 왔던 친구라도 그의 성격, 인생관, 가치관을 잘 모르는 경우가 많다. 우리가 친구의 진면목을 알 수 있는 방법이 몇 가지 있다고 한다. 한 가지는 그와 여행을 하는 것이다. 여행을 하면 서로 의논하고 결정해야 할 일이 많은데 그때 친구의 진면목이 드러난다. 둘째 방법은 친구와 놀음을 해 보는 것이다. 놀음을 같이 해 보면 친구의 성격이 금방 들어난다. 놀음에서 지면 누구나가 화가 나기 마련이다. 그때 친구가 어떻게 행동하는가가 그의 진짜 성격이다. 세 번째 방법은 친구와 술을 같이 마셔보는 것이다. 우리가 술을 마시면 우리의 이성을 지배하는 수퍼에고Superego가 마비되어 우리의 이드id, 즉 본능이 모습을 드러낸다. 평소에 얌전하던 친구가 술을 먹으면 아내, 상사, 친구에게 분노를 터트리는 경우가 많다. 또 어떤 친구는 평소 명랑하다가 술을 먹으면 대성통곡하는 경우가 있다. 이런 행동은 친구의 마음속 깊이 간직해 둔 정서의 내용이 무엇인가를 우리에게 귀띔해 준다.

중심 요인 대 주변 요인

앞 장에서 우리의 얼굴 모양은 물론 여러 가지 성격 특질 및 태도가 우리의 인상을 형성한다는 이야기를 했다. 즉, 지능, 세련미, 그리고 각종 정서는 인상형성에 영향을 준다. 그런데 이들 여러 가지 요인이 인상형성에 주는 영향력은 모두 똑같지 않다. 여러 인상형성 요인 중 어떤 요인은 다른 요인에 비해 인상형성에 더 큰 영향을 준다. 이렇게 인상형성에 큰 비중을 갖는 요인을 심리학에서는 중심 요인이라 한다. 좀 더 쉽게 예를 들어 설명해 보기로 하자.

어떤 여자가 맞선을 보게 되었다고 가정하자. 처음 만나보니 신랑감의 얼굴이 촌스럽고, 옷 입은 것도 세련되어 있지 않다. 설상가상 그의 매너도 신사 매너와는 거리가 멀었다. 그래서 거절하려다 한 번 더 만날 요량으로 다음 약속을 잡고 집에 들어왔다. 그랬더니 중매쟁이가 그 남자가 서울의 일류대학을 나온 사람이라고 귀띔한다. 그 이야기를 듣고 나니 촌스럽게 보이던 그의 얼굴, 옷, 그리고 매너가 모두 개성미가 풍기는 것으로 바뀌었다. 즉, 촌스러운 얼굴은 학구적인 것으로 그리고 어울리지 않은 양복과 넥타이는 독창적인 모습으로 돌변했다. 다소 여자를 무시하는 듯한 그의 매너조차 자신감 있는 남성적인 태도로 바뀌었다. 왜 그녀의 선본 남자에 대한 인상이 극에서 극으로 돌변했는가? 지능(즉, 일류대학 출신)이란 요인이 인상형성을 할 때 중심요인으로 작용했기 때문이다. 지능 요인은 영향력이 막강해 기존의 인상을 앞의 예처럼 질적으로 다르게 변모시킬 정도다. 한국 대학생을 대상으로 연구한 바에 의하면 여대생이 배우자감의 중요한 자질로 꼽는 여러 가지 요인 중 지능이 제일 중요한 것으로 뽑혔다(이훈구, 2005).

인상형성에 있어 또 다른 중요한 요인은 무엇인가? 심리학자의 연구결과를 보면 따뜻한 태도 또는 배려다. 심리학자가 다음과 같은 방법으로 이를 증명했다. 대학수강생 집단 둘을 선정하고 이를 대상으로 실험을 했다. 실험집단1에게는 강사가 '실력이 있고 똑똑하고 잘 가르친다'는 정보를 주었다. 그리고 마지막에 그 강사가 '좀 차갑다'는 정보를 주었다. 실험집단2에게는 집단1과 같은 정보를 주되 마지막 정보 하나만 다르게 주었다. 그것은 그 강사가 '따뜻한 마음을 가졌다'는, 즉 남을 배려한다는 정보였다. 그런 후 그 강사에 대한 인상을 평가한 결과 학생들의 강사에 대한 인상평가는 확연히 달라졌다. 집단1의 강사는 애초의 '똑똑한' 인상이 '이기적인' 또는 '사기꾼'의 인상으로 바뀐 반면 집단2의 강사는 '똑똑한' 인상이 '봉사하는' 또는 '이타적인' 인상으로 바뀌었다. 즉, '똑똑한' 요인은 그다음에 전해지는 정보 내용이 무엇인가에 따라 아주 다른 식으로 변모했다. 똑똑한 사람이 '차갑다'는 정보가 전해지면 그의 똑똑한 것은 아주 나쁜 의미(즉, 이기적)로 탈바꿈하는 반면 똑똑한 요인이 '따뜻함'과 결합하면 그때 똑똑한 요인은 더욱 빛을 발해 그를 성인군자처럼 보게 만든다. 이 연구결과를 통해 '따뜻함-차가운'이란 성격 특질, 즉 배려의 여부가 우리의 타인에 대한 인상 형성에 두 번째로 중요한 요인인 것으로 밝혀졌다. 마찬가지로 전 세계의 모든 여성들은 배려를 남성이 갖추어야 할 가장 중요한 덕목으로 생각한다.

앞에서 예를 든 지능, 배려(즉, 따뜻함) 외에 인상 형성에 세 번째로 중요한 요인은 '성실성'이다. 성실성은 아마 우리가 중요하게 생각하는 여러 종류의 사람, 예컨대 친구, 배우자, 지도자에게서 기대하는 가장 중요한 덕목德目일 것이다. 아무리 사람이 똑똑하고 따뜻하더라도 근본적으로 그가 우리에게 성실하고 양심적이어야 한다. 힐러리 클린턴이 쓴 자서전에는 클린턴 대통령이 백악관 견습생 르윈스키라는 여대생과 염문을 뿌린 것에 괴로워하는 내용이 나온다. 남편이 르윈스키와 성적 관계를 가졌다는 이야기를 듣고 그녀는 "남편의 모가지를 닭 모가지 비틀듯 비틀어 버리고 싶었다."라고 진술했다. 남편이 아무리 위대한 사람이고 그래서 한 나라의 대통령이라 하더라도 힐러리에게 가장 필요한 것은 클린턴의 배우자로서의 성실성이었다. 그래서 그녀는 한때 고민했고 남편과 소원했었다.

인상을 어떻게 관리할 것인가

인상을 관리하는 방법 중 얼굴 모양을 성형 수술로 바꾸는 방법이 있다. 이에 관해 앞에서 잠깐 언급한 바 있지만 다시 개요를 말한다면 심하게 보기 흉한 얼굴은 성형 수술을 권하고 싶다. 예컨대, 심한 주걱턱, 심한 흉터, 이상한 코와 비정상적으로 치켜 올라간 눈꼬리 등은 성형 수술을 받는 것이 좋다. 이것은 자신에게도 좋고 타인에게도 좋은 결과를 가져온다. 즉, 본인 자신은 잘못된 얼굴 모양을 고쳐 자신감을 갖게 되고 주위사람들은 그로부터 과거와 다른 우호적인 인상을 얻게 될 것이다. 그러나 괜찮은 얼굴임에도 불구하고 더 예쁜 얼굴을 만들기 위해 성형 수술을 자주 하는 것은 바람직하지 않다. 성형 수술이 후에 어떤 부작용을 가져올지 모르고 이렇게 얼굴성형에만 신경을 쓰는 것은 근본적인 자기문제를 개선하는 방법이 아니기 때문이다. 또 성형중독증에 빠질 수 있다. 마치 우리가 담배, 술, 마약에 중독되는 것처럼 우리도 성형 수술을 자주하는 성형 수술중독증에 빠질 수 있다. 처음의 성형 수술이 성공해 얼굴이 좀 예뻐진 사람조차 좀 더 예뻐지려는 욕심이 생겨 계속 성형 수술을 하는 성형중독에 빠진다.

그래서 이 책의 마지막에서는 성형 수술이 아닌 심리적인 방법으로 인상을 관리하는 방법에 관해 논하기로 한다. 이 방법을 몇 가지로 나누어 제시하기로 한다.

자기의 인상 내용을 파악할 것

우리가 자신의 인상을 잘 알 것 같지만 사실 우리 자신은 자신의 인상 또는 자신의 이미지에 관해 잘 모른다. 이것을 잘 아는 사람은 친구를 비롯한 주위 사람이다. 마치 우리가 거울 없이는 자신의 참 모습을 볼 수 없고 오로지 거울을 통해서만 자신의 얼굴을 볼 수 있는 것과 같다. 우리의 친구들이 바로 거울인 셈이다. 그래서 우리는 자기의 인상이 어떤가를 타인 특히 자신을 잘 아는 친구들에게 물어볼 필요가 있다. 그러면 친구들은 당신의 첫인상, 그리고 당신을 사귀고 난 한참 후 형성한 후기 인상의 내용을 당신에게 자세히 알려 줄 것이다. 예컨대, 친구는 당신의 첫인상이 너무 날카롭고, 도도하고, 이기적이고, 튀는 사람처럼 보였다고 진술할 수 있다. 이것은 물론 주로 당신의 얼굴 모양에서 풍기는 이미지를 위주로 형성한 인상이다. 그러나 당신이 자신의 인상 또는 관상을 알기 위해 관상가를 찾는 것은 무모하고 바보 같은 짓이다. 관상가가 보는 관상의 내용은 절대 근거가 없고 비과학적인 것이다. 그래서 관상가마다 좋다는 인상 또는 관상의 내용이 서로 다르다. 오히려 친구나 주변 사람들로부터 당신의 용모가 주는 이미지를 듣는 것이 더 효과적이고 바람직하다. 물론 이때 친구들은 솔직하게 말해주어야 한다. 당신을 즐겁게 하려고 인상을 윤색하는 것은 들으나 마나 한 이야기다.

당신의 첫인상 내용을 들은 후에 당신이 할 일은 그 이미지가 만일 나쁜 것이라면 이를 교정하도록 노력하는 것이다. 만일 당신이 '촌티가 나는' 인상이라면 왜 그런 인상을 주게 되는지 그것이 당신의 얼굴 때문인지 아니면 당신의 말솜씨, 태도, 의복, 가치관, 인생관에서 기인하는지 그 원인을 찾아야 한다. 만일 당신의 교양수준이 촌티 수준이라면 당신은 교양을 높이기 위한 피나는 노력을 해야 한다. 반면 당신이 '차가운' 인상을 준다면 그 원인이 얼굴표정에 있는지 사람을 대하는 태도에 있는지를 구분하여 이에 대처해야 한다. 만일 얼굴 표정에 그 원인이 있다면 당신은 거울 앞에서 친구를 만나 반기는 얼굴, 즉 웃음 띤 얼굴을 짓는 방법을 열심히 연습해야 한다. 만일 그렇지 않고 친구를 대하는 당신의 태도가 문제라면 친구를 만날 때 악수를 힘차게 하고 만나서 반갑다는 표시를 확실히 하는 태도, 즉 미소라든가 기타 친구에게 관심을 표명하는 말과 행동을 연습해야 한다. 이는 친구와 헤어질 때도 마찬가지다. 그냥 눈짓으로 이별을 고하기보다는 악수를 하고, 다시 만나고 싶다는 의사 표시를 분명히 할 필요가 있다.

자기 자신을 이해할 것

우리의 인상은 우리 자신의 내부를 반영하는 경우가 많다. 이 책의 5장에서 설명한 바와 같이 우리의 얼굴 표정은 우리 내부의 정서와 심리를 나타낸다. 얼굴이 어두운 사람은 무엇인가 불행한 생의 역사를 가슴속 깊이 간직해 놓은 사람이다. 그리고 그 불행한 사건 속에서 자기 자신을 계속 주시하고 있는 사람이다. 저자는 앞에서 올해 모 대기업의 신입사원 면접 때 한 응시자의 어두운 얼굴을 보고 그의 성장환경을 물어본 결과 그의 어머니가 가출해 아직 돌아오지 않고 있다는 사실을 알게 되었다고 말한 바 있다. 이렇게 우리가 마음속으로 고민하고 분노하면 우리의 얼굴색이 달라지기 마련이다. 자신을 어둡게 만드는 그 중요한 사건이 무엇인지를 캐내고 이를 세척해야 한다. 그러기 위해서는 심리학자 특히 임상심리학자를 만나 정신분석을 받아야 한다. 심리학자는 당신이 살아온 과거를 파헤치되 그중에서 당신에게 지금까지 암울한 기분을 얹어주는 내용이 무엇인가를 찾아낼 것이다. 그 내용은 당신이 부모로부터 받은 학대가 될 수 있고 아니면 초등학교 시절 친구로부터 왕따 당한 경험일 수 있다. 아니면 굳게 믿었던 사랑하는 연인으로부터의 배신일 수 있다.

당신은 우울증이 있는가를 유심히 살펴볼 필요가 있다. 전 세계적으로 제일 많이 팔리는 약이 무엇이라고 생각하는가? 소화제? 감기약? 아니다! 우울증 치료제다. 즉 전 세계인이 제일 많이 앓고 있는 병이 바로 우울증이다. 그래서 신경안정제, 우울증약이 제일 많이 판매되고 있다. 그런데 사실은 실제 밝혀진 것보다 더 많은 사람이 우울증을 앓고 있으면서도 이 우울증을 심각하게 생각하지 않고 그대로 넘기고 있다. 그래서 그의 얼굴은 늘 찌푸려 있고 자살 충동을 느낀다.

우리나라가 전 세계에서 자살률이 제일 높다는 것은 이미 잘 알려진 사실이다. 왜 우리보다 못사는 사람들이 많고 우리만큼 이혼율, 가정파탄율이 높은 나라가 많은데 유독 우리나라만 자살을 많이 하는가? 저자의 판단은 이러하다. 다른 선진국 사람들은 우울증이 심각한 병이라는 것을 인식하고 우울증을 병원에서 치료받는 경우가 많다. 그런데 우리나라 사람들은 외국 선진국처럼 우울증 환자가 많은데 우울증을 가볍게 여기고 치료를 받지 않고 있다. 그러다 우울증이 깊어지면 자살을 감행한다.

자기 자신을 끊임없이 개발할 것

우리의 얼굴 모양새가 우리의 인상을 결정하듯이 거꾸로 우리의 인품, 능력, 업적이 우리의 인상을 결정한다. 도를 터득한 명승, 많은 신자의 고통을 함께 나눈 성직자, 세상을 달관한 노학자의 얼굴은 평온하고 따뜻하다. 그들이 터득한 생의 지혜가 그런 얼굴 표정을 만들었기도 하지만 그가 쌓은 공적과 업적이 후광처럼 빛나기에 그의 얼굴이 더 밝아 보이는 것이다. 즉, 우리가 쌓은 인품, 공적, 혜안은 우리의 인상에 영향을 준다. 마더 테레사Mother Teresa를 생각해 보자([그림 9-1]). 테레사 수녀는 유고슬라비아에서 태어나 인도에서 평생 불쌍한 사람을 위해 헌신해 온 분이다. 그녀는 노벨 평화상을 수상하였고 성녀로서 가톨릭계는 물론 전 세계인으로부터 추앙을 받아왔다. 그런데 테레사 수녀의 얼굴을 자세히 살펴보자.

테레사 수녀의 본래 얼굴은 솔직히 말하면 그렇게 미녀나 호감을 사는 얼굴은 아니다. 그러나 지금 [그림 9-1]에 제시된 사진을 보고 우리는 그녀가 "못생겼다." "나쁜 인상이다."라고 말할 수 있을까? 오히려 그녀의 남자 같이 생긴 용모에서 우리는 범치 못할 어떤 성스러운 기분을 느낄 뿐 그녀의 얼굴을 추녀라고 보지는 않

[그림 9-1] 테레사 수녀는 평생 불쌍한 사람을 위해 헌신하였다.

는다. 그러나 만일 테레사 수녀를 모르는 사람에게 이 사진을 보여주고 이 사진 주인공에 대한 인상을 이야기하라고 하면 대부분 사람이 테레사에 대해 우리와는 다른 인상평가를 할 것이다.

이렇게 우리의 어떤 인물에 대한 인상평가는 그 인물의 경력에 의해 거꾸로 윤색된다. 즉, 어떤 인물이 훌륭한 인물이란 것을 알게 되면 그 사람의 훌륭한 경력이 후광後光효과를 발휘한다. 후광효과란 마치 예수의 얼굴 뒤에 찬란한 빛이 발하여 그를 더 위대한 인물로 보이게끔 하는 발광효과를 말한다.

이렇게 우리의 타인 얼굴에 대한 인상이 그 사람의 경력을 들은 후 전혀 딴판으로 바뀌기 때문에 우리는 자신의 인상을 관리하기 위해 자신의 경력과 인품을 꾸준히 개발해야 한다. 조지 오웰이

"사람이 50살을 넘으면 자기의 얼굴에 책임을 져야 한다."라고 말한 것은 바로 우리의 얼굴이 자신이 50년 동안 쌓아온 경력과 인품에 의해 결정된다는 것을 시사한 것이다.

위대한 사람만이 좋은 인상을 형성하는 것은 아니다. 보통 사람도 좋은 후광효과를 간직할 수 있다. 열심히 그리고 양심적으로 일해 단란한 가정을 이루고 자식들을 잘 키워냈다면 그는 비록 남들이 알아주지 않는 보통 사람이지만 가족, 친구, 이웃으로부터 존경을 받는다. 그에 따라 그의 인상은 인자하고 후덕한 모습으로 바뀐다.

관상가들은 관상을 주로 보지만 그들은 사람의 관상보다는 심상心象이 더 중요하다고 고백한다. 즉, 얼굴이 아무리 관상학적으로 잘생긴 사람이라도 얼굴보다는 그 사람이 가진 심상이 더 중요하단다. 심상이란 무엇인가? 글자 그대로 마음의 모습이다. 개인이 갖고 있는 좁은 의미의 마음이란 그의 정서, 욕망, 태도, 행동을 나타낸다. 그리고 광의의 마음이란 그 사람이 갖고 있는 성격, 가치관, 인생관 그리고 인품을 나타낸다. 얼굴이 고와야 미인이 아니다. 마음씨가 고와야 남으로부터 존경을 받는 고귀한 미인이다.

10

인상심리학의 활용

지금까지 인상 또는 관상은 과학자들 사이에서는 주로 동안, 미인의 특징 그리고 동안과 미인의 성격에 관한 것에 치중했다. 비과학자나 일반인들은 골상 또는 관상에 관심을 갖되 골상이나 관상이 우리의 운명을 결정한다고 주장하여 운세, 운명과 연관시켜 인상을 연구했다.

오늘날 인상학은 과거 인상과학 연구자가 아닌 전혀 다른 분야의 사람들이 참여하여 새로운 학문분야를 개척하고 있다. 예컨대, 범죄수사를 다루는 분야에서 인상학을 과학적으로 연구하고 있는데 범죄목격자의 몽타주 작성에서부터 시작하여 부패된 시신의 얼굴을 복원하는 연구까지 활발히 진행되고 있다.

한국인의 얼굴뿐 아니라 각종 인종 및 종족의 얼굴 모양을 연구하는 것도 실제적으로 활용방안이 높다. 동양인과 서양인의 얼굴 모양은 확실히 다르다. 마찬가지로 같은 아시아인이라 하더라도 한국사람은 베트남인, 중국인, 그리고 일본인과 얼굴 모양에 차이가 있다. 우리가 각 인종과 민족의 얼굴 특징을 잘 파악해 두는 것은 여러모로 쓸모가 있다. 그 이유는 과거와 달리 우리나라에 외국근로자들이 많이 거주할뿐더러 다문화가정도 적지 않기 때문이다. 외국인이 연루된 범죄가 우리나라에서 점차 늘 것으로 예상되는 바 이들에 대한 범죄 수사에서 용의자의 국적 여부를 얼굴을 통해 가릴 수 있다면 수사해결에 큰 도움이 된다.

그런데 이런 새로운 분야의 인상 연구는 비단 심리학자만의 소관이 아니다. 여러 분야, 예컨대 의학, 치의학, 문화인류학, 전산과학 등 다양한 분야의 학자들이 인상의 문제를 자기 나름대로 연구하고 있다. 이제 구체적으로 인상학이 최근 어떻게 활용되고 있고 앞으로 어떻게 발전해 나갈지를 그 연구 주제별로 살펴보자.

몽타주 작성

범죄수사에서 사건을 목격한 목격자의 범인에 대한 인상기억이 아주 중요하다. 즉, 목격자는 범인의 얼굴을 목격했기 때문에 범인의 인상을 기억해 낼 수 있다. 범인의 용모를 파악할 수 있다면 그를 체포하는 것은 시간 문제다. 그간 수사관들은 목격자의 범죄자의 인상에 관한 진술을 토대로 화가로 하여금 몽타주를 작성하게 하였다. 그런데 이런 식의 몽타주 작성법은 시간이 많이 걸리고 목격자의 기억 진술이 바뀔 때마다 이를 일일이 손으로 수정해야만 했다. 그래서 최근 국내 경찰에서 몽타주를 컴퓨터에 영상화시켜 수정하는 방법을 개발했다. 이 방법은 미국의 이포택Infotech사에서 만든 방법을 이용한 것이다. 이 방법을 토대로 한국인의 여러 가지 얼굴 유형을 데이터베이스에 입력시켜 놓고 그것을 토대로 목격자가 범인의 얼굴을 찾아가는 작업이 진행되고 있다(최창섭과 김동욱, 1998).

더 구체적으로 말하면 최창석과 김동욱(1998)은 한국인의 지역별 얼굴특징을 동북형, 서남형, 서북형, 그리고 남방형의 네 가지로 나누되 이를 남녀별로 구분하였다. 이들의 체형도 고려해 마른형, 중간형, 비만형으로 분류하여 340가지의 한국인의 대표적인 얼굴 유형을 만들었다. 이 대표적인 얼굴 특징을 얼굴형, 이마, 눈썹, 눈, 코, 입, 볼, 턱의 16가지 부위로 세분하고 각 부위당 네 가지 타입으로 대분류하였다. 각 타입에서 변형할 수 있는 종류를 900종류로 분류했고 이를 데이터베이스에 구축했다.

범죄목격자는 범인의 얼굴을 순간적으로 보았거나 당황한 상황에서 목격해 범인의 얼굴을 명확히 기억하지 못하고 개략적으로 진술하는 경우가 많다. 그 경우 컴퓨터 데이터베이스에 저장되어 있는 얼굴의 기초자료가 목격자의 범인몽타주 작성에 큰 도움을 준다. 즉, 그가 전체적인 얼굴 모양을 기억하나 세부적인 얼굴 부위를 기억하지 못할 때 목격자에게 여러 가지 유형의 얼굴 부위를 컴퓨터에 투영해 보여 줌으로서 그의 기억을 도울 수 있다. 그리고 목격자가 진술한 얼굴 부위를 여러 가지로 변형된 데이터베이스에서 찾거나 또는 컴퓨터에 이를 직접 영상화해 입력할 수 있다.

컴퓨터를 통한 몽타주 작성법은 앞으로 더 크게 발전될 것이다. 한국인의 얼굴 유형을 보다 더 자세히 세분하고 여러 종류의 인물사진을 데이터베이스에 구축함에 따라 더 세분된 얼굴 유형을 작성할 수 있다. 이런 작업은 현재 주로 전산과학자들에 의해 수행되고 있지만 앞으로는 체질인류학자, 인상심리학자, 의학자들이 협동해 몽타주 전산화 작업을 더 공고히 해야 한다.

시신의 얼굴복원 작업

범죄 피해자가 살해된 후 오랫동안 발견되지 않다 우연히 발견되는 경우가 많다. 예컨대, 집 뜰을 파헤치거나 벽장을 허물다 우연히 해골만 남은 시신을 발견하는 경우가 있다. 그러면 수사관들은 우선 이 시신, 즉 해골의 주인공이 누구인가를 밝혀내야 한다. 의학자들이나 체질인류학자들은 해골, 골반, 가슴, 팔, 다리 뼈 등을 통해 시신이 남녀인지 그리고 연령대가 어떤지를 파악할 수 있다. 그러나 시신의 얼굴을 파악하기는 어렵다.

최근에 의학자와 체질인류학자들 중 얼굴뼈와 근육을 전문으로 연구하는 사람들이 생겨나 이들이 해골의 본래 얼굴을 복원하는 작업에 착수했다. 이들은 얼굴뼈의 특징을 살펴보고 그 얼굴뼈에 진흙을 발라가며 본래 얼굴을 만들어 간다. 우리의 얼굴은 얼굴뼈, 더 구체적으로 말해 이마의 돌출 여부, 눈두덩이뼈, 광대뼈, 이빨, 그리고 턱뼈의 특징에 따라 그 얼굴 모습이 정해지기 마련이다. 따라서 얼굴뼈의 특징을 알게 되면 그에 따라 얼굴 모양이 어떻게 생길 것인지를 추론할 수 있다. 이렇게 얼굴뼈의 특징을 살피고 그

뼈에 살을 덧붙이는 방법으로 시신의 얼굴복원 작업이 시작된다. 그러나 실제적으로 이 작업은 그리 간단하지 않다. 사람에 따라 피부조직, 연골의 특징이 다르기 때문이다. 즉, 어떤 사람은 코 근육이 발달한 반면 어떤 사람은 코 근육이 약하다. 볼의 근육도 마찬가지여서 어떤 사람의 볼은 연한 반면 어떤 사람은 볼의 근육이 단단하다.

요즘 MRI 영상 촬영법은 수술을 하지 않고도 우리 얼굴 연조직의 특징, 즉 그 조직의 생화학적 특징과 조직의 두께를 측정할 수 있다. 전국진(2011)은 그의 박사학위논문에서 한국인의 얼굴연조직의 남녀별 부위별 평균두께를 산출했다. 이런 기초자료는 해골의 얼굴복원에 많은 도움을 준다. 즉, 해골의 소유자가 남자인지 여자인지, 연령이 얼마인지만 안다면 그에 따른 얼굴피부의 특징을 파악하여 이를 복원작업에 활용할 수 있다.

해골복원 작업의 실제 예를 하나 소개하기로 한다. 모턴과 토마스(유영 역, 2008)는 두 명의 전문가에게 해골만 보여 주고 그 해골의 원래 얼굴을 그려보게 한 결과는 아주 엇비슷하였다. 그들은 마야문명의 소산으로 알려진 크리스털 해골([그림 10-1])을 두 해골복원전문가에게 보여 주고 그 해골의 얼굴 모습을 스케치하게 하였다.

한 전문가는 맨체스터 대학 미술치료과의 리처드 니브 교수였고 다른 한사람은 뉴욕경찰서의 강력계 수사관 프랭크 도밍고였다. 그들이 그린 해골복원 그림은 [그림 10-2]와 같다.

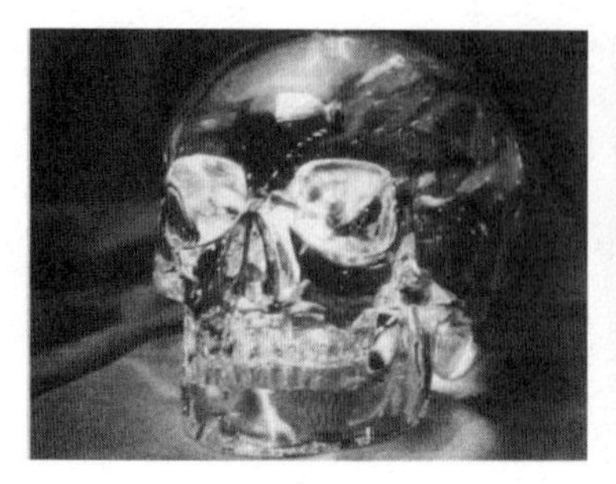
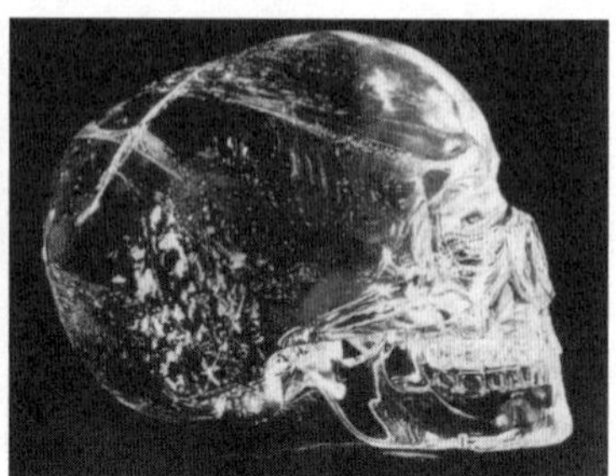

[그림 10-1] 미첼-헤지스의 크리스털 해골이다.

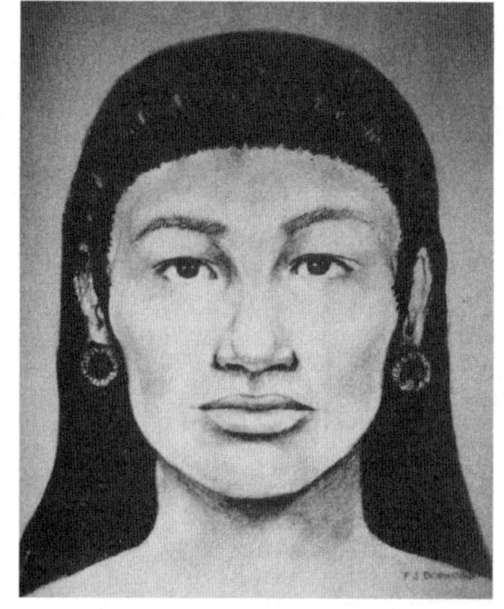

[그림 10-2] 맨체스터 대학 미술치료과 교수 리처드 니브의 해골복원 그림(왼쪽)
과 뉴욕경찰서의 강력계 수사관 프랭크 도밍고(오른쪽)의 해골복원 그림이다.

두 전문가는 해골을 보고 그 해골이 서양인이 아닌 아메리카 원주민의 얼굴이며 그 해골이 남자가 아닌 여자라는 사실을 공통적으로 지적했다. 두 사람이 각기 다른 지역에서 다른 시간에 크리스털 해골의 사진을 보고 그 얼굴을 그림으로 복원작업을 했는데도 이들의 작업결과는 놀랍게도 유사했다.

우선 이 전문가들은 해골의 주인공이 여자라고 판정했다. 두 전문가가 무엇을 근거로 여자의 해골이란 판정을 했는가? 하악골이 둥그스름한 것은 주로 여성의 특징인데 크리스털 해골이 그런 모양을 갖고 있었다. 눈두덩이 매끈한 것, 눈구멍이 얼굴전체에 비해 큰 것도 여성해골의 특징인데 크리스털 해골이 이 특징을 지니고 있었다. 두 전문가가 해골의 인종을 판단한 근거는 해골의 넓적한 얼굴, 코, 광대뼈, 큼직한 입과 두툼한 입술, 강인한 턱, 옆으로 살짝 기운 커다란 눈 등을 토대로 한 것으로 이런 특징은 유럽인이 아닌 아메리카 원주민이라는 것을 시사한다(모턴과 토마스 저, 유영 역, 2008).

한국인의 평균 얼굴과 시대별 변화

앞에서 우리는 한국인의 평균 얼굴에 관해 간단하게 설명한 바 있다. 평균 얼굴이란 한국인의 수많은 얼굴을 컴퓨터에 영상화하여 그 수치를 얻고 이를 토대로 평균 얼굴을 산출하는 것이다. 평균 얼굴과 유사한 방법으로 한국인의 대표적 얼굴 유형을 작성할 수 있다.

앞에서 언급한 최창석과 김동욱(1998)의 한국인의 네 가지 얼굴 특징은 조용진 교수의 다년간 연구결과(조용진, 1990)를 토대로 한 것이다. 앞에서 언급한 바와 같이 그가 구분한 한국인의 네 가지 대표적 얼굴 특징은 얼굴형 외에 이마, 눈썹, 눈, 코, 입, 볼, 턱 등의 얼굴의 각 부위에 따라 그 특징이 각기 다르다. 여기서는 조용진 교수가 기술한 한국인의 네 가지 얼굴 특징 중 얼굴 모양만을 설명해 보기로 한다. 동북형은 고구마형으로 길고 요철은 크지 않다. 서북형은 얼굴이 비교적 길고, 편평하여 요철이 뚜렷하지 않다. 서남형은 얼굴이 작고 비교적 둥근 편이고 이목구비도 작다. 남방형은 얼굴이 비교적 짧고 요철이 뚜렷하다(조용진, 1990).

얼굴은 나이에 따라 변한다. 그런데 나이에 따른 얼굴의 변화는 얼굴 유형에 따라 다르게 변화한다. 앞에서 언급한 미국의 캘리포니아 대학의 인간발달연구소에서는 4세 때부터 58세까지 수백 명의 피험자의 얼굴을 사진 찍어 두었다. 그래서 피험자의 얼굴모습이 나이에 따라 어떻게 변하는지를 살펴볼 수 있다. 이렇게 수많은 사람의 나이에 따른 얼굴의 변화 모습을 컴퓨터로 분석해 두면 우리는 자신의 미래의 얼굴이 어떤 모습으로 변할지 그려볼 수 있다. 그런데 이러한 얼굴 유형별 나이 변화에 따른 얼굴 변화 연구는 우리의 미아 찾기에 큰 도움이 된다. 예컨대, 여섯 살 때 잃어버린 미아를 20년 후에 찾으려 하는 경우 그 미아의 6세 때 사진만 있다면 우리는 그 미아의 20년 후의 모습을 컴퓨터로 그려 볼 수 있다.

우리의 얼굴이 나이에 따라 변하는 것과 마찬가지로 우리 국민 전체의 얼굴이 시대 변화에 따라 달라진다. 1900년대 초기의 한국사람의 얼굴과 2014년대의 한국사람 얼굴은 서로 많이 다르다. 시대 변화에 따른 이런 용모 변화의 원인이 무엇인지에 관해서는 아직 잘 모른다. 여러 가지 자연환경 및 물리적 환경 외에 우리가 섭취하는 음식물이 이에 영향을 줄 것으로 추측할 뿐이다. 예컨대, 한국인이 1900년대 섭취한 음식은 현재 우리가 섭취하는 것과 많이 다르다. 현대의 청소년들은 쌀밥을 먹는 대신 빵, 우유, 그리고 햄버거를 잘 먹는다. 이런 음식물의 변화는 우리의 치아와 턱뼈, 그리고 전체 우리의 골격에 커다란 영향을 미친다. 이런 골격의 변모가 우리의 얼굴 변화를 초래할 것이다.

조용진(1994)은 1991년에 1970년대 출생자, 즉 조사 당시 20대 한국인의 얼굴 모습을 마르틴Martin식 생체측정방법과 사진을 통한 간접방법을 통해 조사했다. 이 조사 결과를 1930년대, 1986년, 1991년의 자료와 서로 비교하였다. 밝혀진 주요결과는 현재 한국인의 얼굴의 세로 길이는 186.34mm로 일제 강점기보다 길어졌다. 특히 1991년의 얼굴 길이는 1986년 때보다 더 길어져 최근에 더 빠른 속도로 얼굴의 길이가 길어지고 있음을 알 수 있었다. 한국인 남자의 이마 높이는 여자보다 높다. 이런 남녀의 차이는 아시아인의 공통적 특징인데 그 원인은 여자의 모발 발제선이 남자보다 아래까지 내려와 그 위치가 낮기 때문이다.

한국인의 이마가 1930년 이후 지속적으로 더 넓어졌음이 밝혀졌다. 1930년대보다 1986년의 이마가 더 넓어졌고 1991년의 이마의 크기는 1986년보다 5% 더 커졌다(조용진, 1994). 얼굴을 가로로 3등분(이 책의 4장 [그림 4-2] 참조)할 수 있다. 이 3등분한 얼굴의 크기에 어떤 변화가 있는가? 1930년부터 1970년까지 이 3등분한 얼굴의 크기에 큰 변화가 없었다. 다만 전체적으로 과거 60년간(1930~1990) 얼굴의 길이만 전체적으로 크게 길어졌을 뿐이다. 즉, 과거 한국인의 얼굴 특징은 동그랗고 납작하다는 데 있는데 이제 이 동그란 얼굴이 서양인의 얼굴처럼 길어졌다. 따라서 조용진(1998)은 한국인의 얼굴이 최근 갑자기 달라진 것은 얼굴의 세로 쪽에서 보다 가로 쪽에서 큰 변화가 일어나 얼굴이 길어진 것이라고 결론짓고 있다. 그는 더불어 이마가 커지고 광대뼈와 턱이 작아지는 얼굴 모양으로 바뀌고 있다고 주장했다.

지금까지 한국인은 외국인과의 결혼이 희소했다. 그래서 한국인의 고유한 얼굴 모양은 약간 바뀌었지만 크게 변하지는 않았다. 그러나 근래 한국인과 외국인 특히 동남아인과의 결혼이 부쩍 늘고 있다. 한국농촌에 신붓감이 부족해 필리핀, 태국, 베트남에서 적지 않은 신부가 한국에 시집왔다. 그리고 그들 간의 제2세대가 태어나고 있다. 소위 말하는 다문화가정이 생겨난 것이다. 현재 농촌지역 초등학생의 약 10%가 다문화가정 출신이라는 언론보도가 있다. 다문화가정에서 태어난 자식들은 한국인의 고유한 얼굴과 다르다. 그래서 앞으로 한국인 고유의 얼굴이 조금씩 달라질 것이다.

한국인의 얼굴 유형이 어떻게 달라지고 있는가를 장기적으로 연구하는 프로그램이 마련되어야 한다. 이 프로그램은 장기적으로 각계계층의 수많은 한국인을 연령별, 남녀별로 구분하여 사진을 찍어두고 이를 컴퓨터에 저장해 두어야 한다.

더불어 앞에서 언급했지만 한국에 귀화해 살고 있는 각종 인종의 얼굴에 대한 데이터베이스도 갖추어야 한다. 귀화한 한국인과 관련해 범죄가 발생하는 경우 이들의 신원확인을 신속히 하기 위해서는 귀화한 여러 인종의 얼굴 특징에 관한 자료가 수집되어야 한다. 예컨대, 베트남인, 필리핀인, 그리고 태국인의 얼굴 특징이 어떤가에 대한 정보가 수집되고 이 자료가 컴퓨터에 저장되어야 한다.

휴먼인터페이스의 적용

인간은 말이나 글로 서로 의사소통하는 외에 음성이나 얼굴 표정과 같은 비언어적 방법으로도 소통을 한다. 비언어적 의사소통은 언어적 의사소통 못지않게 중요하다. 예컨대, 우리는 아버지의 음성이나 얼굴 표정을 통해 아버지가 "그것은 안돼."라고 말했을 때 아버지의 거부 정도를 가늠할 수 있다. 아버지가 크고 갈라진 목소리에 찡그리고 화난 얼굴로 이렇게 말했다면 그것은 아버지가 나의 행동을 100%로 거부한다는 뜻이다. 마찬가지로 우리는 연인이 우리에게 짓는 표정과 음성을 읽고 그녀가 나를 사랑하고 있는지, 나를 신뢰하는지 또는 나를 싫어하고 불신하는지의 여부를 쉽게 판단한다. 이 책의 6장에서 우리가 각종 기본 정서를 어떻게 얼굴에 표현하는가를 설명한 바 있다. 그런데 이런 기본 정서 외에 수많은 정서의 얼굴 표정을 우리가 읽어야 한다. 그래야만 우리는 상대방과 원활한 의사소통을 할 수 있다.

요즘 우리의 통신수단에서도 단순히 숫자나 문자만 표시하지 않고 음성과 얼굴 표정을 전달하는 경우가 많다. 예컨대, 스마트폰에서 카톡이 들어온 경우 예전에는 문자가 뜨거나 불빛 신호가 깜빡였지만 지금은 "카톡 왔어요."하는 음성 메시지가 뜬다. 즉, 사람의 목소리로 신호를 보내 우리로 하여금 스마트폰에 더욱 친근감을 갖게 만든다.

앞으로 우리의 컴퓨터는 더욱 발전하게 될 것이다. 지금 컴퓨터는 제2세대다. 지금 컴퓨터는 우리와 의사소통을 할 수 있지만 우리와 정서적인 교감은 할 수 없다. 즉, 우리가 컴퓨터에 자기의 고민을 털어놓으면 컴퓨터가 우리의 고민을 공감하고 우리를 위로해 주지 못한다. 우리가 컴퓨터와 정서적 교감을 할 수 있는 시대가 바로 제3의 컴퓨터 시대가 된다. 그리고 지금 컴퓨터 과학자들이 이 시대의 도래를 위해 부단한 노력을 경주하고 있다.

그러면 컴퓨터가 우리와 정서를 교류하는 것이 과연 가능한가? 이론적으로 보면 가능하다. 예를 들어보자. 우리가 화가 나는 경우는 대개 우리가 성취하려던 어떤 목표가 좌절되었기 때문이다. 그 목표 중에는 학교 입학, 연애, 취업, 결혼, 주식투자 등이 있을 것이다. 그래서 어떤 피상담자가 자신의 목표실패담을 토로하면 우리는 그가 분노하고 우울할 것임을 짐작할 수 있다. 이렇게 인간에게 좌절, 분노, 우울을 일으키는 주요 사건이 정해져 있는데 컴퓨터가 이 내용을 데이터베이스에 내장하고 있으면 컴퓨터가 피상담자가 말하는 상담내용을 분석하고 그에 따라 피상담자의 현재 감정 상태를 파악할 수 있게 된다. 그리고 적절한 언어적, 비언어적 의사소통을 통해 컴퓨터가 피상담자를 위로하는 메시지와 표정을 전달할 수 있다. 이렇게 된다면 제3세대에서 컴퓨터와 이용자 간의 정서교류가 가능하다.

상담이란 상담자가 피상담자의 애로, 고충, 고민 등을 듣고 이를 수용하고 이해하여 그와 공감하는 것으로부터 시작한다. 상담자와 피상담자 간의 원만한 공감이 형성되면 피상담자는 자기가 가졌던 분노, 좌절감을 씻어내고 새로운 각오로 출발할 수 있다. 지금까지 임상심리학에서는 이런 공감능력은 사람만이 그것도 상담심리학을 오랫동안 공부하고 실습한 전문가만이 형성할 수 있는 것으로 간주해 왔다.

그러나 만일 제3세대 컴퓨터가 발명되면 우리는 컴퓨터를 통해 상담을 받을 수 있다. 컴퓨터가 우리의 마음을 공감, 공명할 수 있기 때문이다. 진보적 컴퓨터 제작자들은 앞으로 우리가 컴퓨터와 사랑하는 것도 가능하다고 본다. 컴퓨터가 인간과 정서적으로 공감하면 사랑이 싹틀 수 있다고 보기 때문이다.

그런데 컴퓨터가 상담을 할 수 있으려면 말로서 공감을 표현할 수 있을 뿐 아니라 얼굴에서도 동시에 공감의 표정을 지어야 한다. 그래서 제3세대 컴퓨터에서는 얼굴의 정서 표현 방법이 아주 중요하게 대두된다. 이 책의 5장에서 설명한 얼굴의 정서 표현 방법이 제3세대 컴퓨터 제작에 큰 도움이 될 것이다. 물론 얼굴의 표현만 가지고는 부족하고 음성을 통한 정서 표현도 필요하다. 따라서 제

3세대 컴퓨터에는 우리가 나타내는 각종 정서의 음성특징을 데이터베이스화하는 것이 병행되어야 한다.

앞으로 제3세대의 컴퓨터를 완성하려면 휴먼인터페이스의 응용이 절실하다. 그리고 이것을 성취하려면 컴퓨터 하드웨어, 소프트웨어 제작자들은 심리학자, 특히 인상과 음성을 연구하는 학자와 협동해야 한다. 심리학자 중에서도 인상과 정서를 연구하는 사람들의 조력이 필요하다.

새로운 인상학의 정립

이 책을 쓰면서 비단 심리학자뿐 아니라 여러 분야의 학자와 전문가들이 얼굴에 관한 연구를 하고 있음을 알게 되었다. 즉, 경찰청, 전산학자, 민족학자, 인류학자, 그리고 의학자들이 그들 나름의 연구목적에 따라 얼굴에 관해 연구를 해 오고 있다. 그리고 이 책의 모두에서 지적한 것처럼 어떤 대학에서는 인상학과라는 것을 설치해 학생들을 가르치고 있었다. 저자는 구체적으로 그 대학의 인상학과에서 무엇을 가르치는지는 조사하지 않았다. 대학이란 진리를 탐구하는 곳이므로 대학의 인상학과가 과학적인 내용의 인상학을 가르치고 있기를 바랄 뿐이다.

얼굴에 관한 연구, 즉 인상학은 지금까지 저자가 각 장에서 지적한 바와 같이 과학적으로 연구할 수 있다. 그래서 충분히 하나의 학문영역으로 대두될 수 있다. 그런데 인상학은 어느 한 학문분야에서 독자적으로 수행하기보다는 협동학문식 또는 다학제간식으로 연구하는 것이 바람직하다고 본다. 그 이유는 위에서 지적한 바와 같이 얼굴에 관한 연구가 심리학자뿐만 아니라 여러 학문 또는 여러 전문가가 각자 나름대로 수행하고 있기 때문이다.

인상학은 비단 학술적으로 연구할 뿐만 아니라 실제 응용을 위해서도 연구되고 있다. 앞에서 열거했지만 몽타주 작성, 미아 찾는 방법, 시신복원 작업에 여러 종류의 인상학자의 연구방법과 연구결과가 아주 유효하게 적용된다. 또, 제3세대 컴퓨터를 제작하기 위해서는 인상에 관한 연구가 집적되어야 한다. 앞으로 어떤 내용의 연구를 어떻게 진행할 것인지에 관해서 얼굴연구에 관심을 가진 여러 학문의 학자들이 모여 숙의할 필요가 있다. 그러기 위해서 저자는 '인상학회'라는 새로운 학회의 구성을 제안한다.

마지막으로 심리학자들이 앞으로 인상학에 관해 더 많은 관심과 참여를 부탁하고 싶다. 현재 얼굴에 관해 연구하는 심리학자는 그렇게 많지 않다. 최근 정서심리학이 한국 심리학계에서 활발하게 연구되고 있다. 그런데 이들은 정서의 심리학적 특징과 기제mechanism 그 자체에만 관심이 있다. 그리고 정서가 어떻게 얼굴에 반영되는가에만 집착할 뿐 음성의 정서적 표현에 관해서는 무관심하다.

특히 정서의 얼굴 표현은 앞에서 언급했지만, 제3세대 컴퓨터제작에 아주 필요불가결하다. 그러므로 이에 관해 심리학자가 지금부터 활발하게 연구를 진행해야 한다. 정서의 얼굴 표현 및 신체 표현은 다른 목적으로도 활용될 수 있다. 예컨대, 연예인들이 이 분야의 지식을 활용할 것이다. 왜냐하면 탤런트들에게 정서의 얼굴 표현은 아주 중요한 연기 중의 하나이기 때문이다. 그리고 의사 전달에 미흡한 사람들을 대상으로 언어적, 비언어적 의사사통을 효과적으로 표현할 수 있는 방법을 가르칠 수 있을 것이다.

한국인의 평균 얼굴을 위시해 한국인의 대표적 얼굴 유형을 새롭게 구축해 두는 작업도 절실하다. 한국인의 대표적 얼굴 유형은 많은 한국인의 얼굴을 조사해 새롭게 정리하는 작업이 먼저 진행되어야 한다.

마지막으로 한국인의 얼굴 모습 변화를 체계적으로 연구하는 작업에 착수해야 한다. 그리고 이런 얼굴 변화에 영향을 주는 요인이 무엇인가도 조사해야 한다. 이 연구를 위해서는 장기종단적 연구가 필요하다. 앞에서 언급한 캘리포니아 대학의 인간발달연구소에서 수행한 것처럼 수많은 한국인의 얼굴을 어렸을 때부터 사진 찍어 두고 5년간의 시차를 두고 계속 그 사람의 얼굴 모습의 변화를 영상화해야 한다. 그런데 이런 식의 연구는 수많은 시간과 경비가 소요되므로 어느 학자 한 사람이 독자적으로 연구할 수 없다. 이 연구의 중요성을 인식하여 정부와 학술지원단체의 지원이 필요하다.

결론적으로 말한다면 인상학은 충분히 하나의 중요한 학문 분야가 될 수 있다. 인상학은 학술적으로도 중요하고 실제 응용상에서도 아주 필요한 분야다. 앞으로 많은 학자가 인상학에 관심을 갖고 이 학문 분야를 촉진시키기를 바란다. 그렇게 된다면 저자가 이 책을 저술한 작은 의도가 충분히 달성된 것이다.

참고문헌

국립민속발문관(1994). 한국인의 얼굴이 변하고 있다. 조용진(1994). 한국인의 얼굴(pp. 175-184). 서울: 신유.

김윤덕과 이재경(2013). 관상성형 유행. 조선일보. 2013년 1월 19일, B면.

유영 역(2008). Chris Morton, Ceri Louise Thomas 저. 크리스털 해골의 비밀. 서울: 크림슨.

이민아 역(2006). Paul Ekman 저. 얼굴의 심리학. 서울: 바다출판사.

이훈구(2000). 교실이야기. 서울: 법문사.

이훈구(2001). 미안하다고 말하기가 그렇게 어려웠나요. 서울: 이야기 출판사.

이훈구(2005). 대학이 변하고 있다. 서울: 법문사.

전국진(2011). 3차원 전산화단층 촬영영상을 이용한 한국인의 얼굴연조직 두께 계측. 연세대학교 대학원 치의예과. 박사학위논문.

조은경(2002). 거짓말의 특징과 탐지. 한국심리학회지; 일반. Vol. 21, No2. 33-65.

조용진(1990). 현대한국인의 안면인상판단에 대한 조사. 서울: 집문당.

최창석과 김동욱(1998). 컴퓨터를 이용한 몽타주 작성법 개발. 서울: 형사정책연구원. 연구보고서. 97-11.

Aristotle. Historia animalium cited in Liggett. (1974). *The Human Face*. 181.

Bornstein, M. H., Ferdinandsen, & C. G. Gross. (1981). Perception of symmetry in infancy. *Developmental Psychology, 17,* 82-86.

Ekman, P., & Friesen, W. V. (1974). Detecting deception from the body & face. *Journal of Personality & Social Psychology. 20,* 288-298.

Hootin, E. A. (1939). *The American Criminal, Anthropological Study.* Westport. Conn; Green Wood Press.

Langlois, J, H., Ritter, J. M., Roggman, L. A., & Vaughn, L, S. (1991). Facial diversity and infant preference for attractive faces. *Developmental Psychology, 27,* 79-84.

Lombroso. C. (1911). *Crime, Its Causes and Remedies.* Boston: Little Brown.

Snyder, M., Tanke, E. D., & Berscheid, E. (1977). Social Perception and interpersonal behavior; On the self-fullfilling nature of social stereotypes. *Journal of Personality and Social Psychology, 35,* 656-666.

Zebrowitz, L. A. (1998). *Reading Faces, Window to The Soul?* West View Press, Inc. A Subsidary of Persus Books, L. L. C.

Zebrowitz, L. A., J. M. Montepare., & Hoonkoo, Lee. (1993). They don't all look alike; Differentiating same versus other race individuals. *Journal of Personality and Socila Psychology, 65,* 85-101.

저자소개

이훈구(Lee Hoonkoo)

서울대학교 심리학과 및 동 대학교 대학원 졸업
미국 하와이주립대학교 대학원 졸업(심리학 박사)
미국 뉴욕대학교, 독일 괴테대학교, 베를린대학교 교환교수
전 연세대학교 심리학과 교수
한국심리학회 회장
법심리학회 회장
현 연세대학교 심리학과 퇴임교수
바른 사회 시민회의 복지사회운동본부장

주요 저서
의욕의 심리학(21세기북스, 2008)
신념의 심리학(학지사, 2007)
자서전적 심리학(법문사, 2006)
당신의 행복을 설계해 드립니다(법문사, 2006)
정서심리학(공저, 법문사, 2005)
대학이 변하고 있다(법문사, 2005)
가난의 대물림을 어떻게 예방할 것인가(법문사, 2005)
사회심리학(법문사, 2002)
심리학자 이훈구 교수의 교실이야기 1, 2(법문사, 2001)
미안하다고 말하기가 그렇게 어려웠나요(이야기출판사, 2001)
사회문제와 심리학(법문사, 2000)
사회를 읽는 심리학(학지사, 1997)
산업심리학(법문사, 1985)

인상(人相)심리학

Psychology of face

2014년 6월 5일 1판 1쇄 인쇄
2014년 6월 10일 1판 1쇄 발행

지은이 • 이훈구
펴낸이 • 김진환
펴낸곳 • (주) 학지사
121-838 서울특별시 마포구 양화로 15길 20 마인드월드빌딩
대표전화 • 02-330-5114   팩스 • 02-324-2345
등록번호 • 제313-2006-000265호

홈페이지 • http://www.hakjisa.co.kr
커뮤니티 • http://cafe.naver.com/hakjisa

ISBN 978-89-997-0351-5 93180

정가 13,000원

이 도서의 국립중앙도서관 출판시도서목록(CIP)은 서지정보유통지원시스템 홈페이지(http://seoji.nl.go.kr)와 국가자료공동목록시스템(http://www.nl.go.kr/kolisnet)에서 이용하실 수 있습니다.
(CIP 제어번호: CIP2014010356)